教育の羅針盤 1

「教えて考えさせる授業」を創る

基礎基本の定着・深化・活用を促す「習得型」授業設計

市川 伸一
Shin'ichi Ichikawa

図書文化

まえがき

「教えて考えさせる授業」と聞くと、人はさまざまな受け取り方をするようです。「教育は、教師がしっかり教えて、子どもに考えさせること。あたりまえの話じゃないか。いまさら何を言いたいのだろう」という人もいます。

しかし、逆に、「日本の教育は、教師が教えることが強すぎる。教えるのではなく、子どもに主体的に考えさせ、気づかせることが大切なのだ」といった大きな反発にあうこともよくあるのです。

「教育とはどのようなものであるべきか」という理念と、「日本の教育はどうなのか」という現状認識によって、「教えて考えさせる授業」という言葉に対する解釈や態度は決まってくるようです。しかし、本書は、どのような解釈や態度を抱いた方にも、ぜひ手にとって読んでほしいことを書いたつもりです。

「教えるべきことを教師がきちんと教える」ということに反対する人はまずいません。しかし、その「教え方」の工夫は十分なされているでしょうか。また、教えたことが本当に子どもに伝わっているのか。理解されているのか」を授業の中で確認する手だてがどれくらいとられているでしょうか。特に、中学、高校と学年が上がるにつれて、「授業がわからない」という生徒が増え、定期テストをやってみて、「ちゃんと教えた（はず）なのに、なんで、こんなにできていないのだ」と嘆く先生が多いのも事実です。

同じことは、「子ども主体」といって、自力解決や討論を中心に進められる授業でもいえるのです。授業を通して、子どもが何を理解できたのか、どのような力がついたのか、ということは把握されているでしょうか。「考えたから」「活動したから」「話し合いをしたから」といって、よい授業だったといえるわけではありません。とりわけ、「この授業ではどのような知識・技能を身に付けさせたいのか」という指導目標の明確な「習得型」の授業では、問題解決に必要な予備知識をていねいに教えたり、子どもの理解状態をモニターすることが不可欠です。

本書は、あらためて、「子どもにとって、充実感や達成感がある授業とはどういうものか」を考えるためのきっかけとしていただければと思っています。これは、学校の先生方はもちろん、教育に関わるすべての人が日々取り組んでいる問題です。筆者は、１９９０

年代を通じて、一方では、授業がわからずに困っている子どもへの個別学習相談、他方では、自らの課題を追究する授業の提案を行ってきました。そうした立場から、1990年代の学校の授業を見ていて、さまざまな問題意識がわいてきました。

特に、学力低下論争の盛んに行われた1999年から2002年にかけては、私なりの1つのバランスのとり方を考えていました。つまり、子どもの学力や学習意欲が低下したからといって、単に基礎基本を徹底反復するような指導に終わるのではなく、「習得と探究の学習のバランスと結びつきを大切にすること」、ただし、「習得の学習においては、教師がていねいに教え、子どもに考えさせ、子どもの理解状態を把握する手だてを講じながら、知識や技能を身に付けさせる授業を基調とすること」を提案してきました。

その提案後、さまざまな学校での実践が増え、教育行政の中でも、こうした考え方を取り入れてくださるところが増えてきました。新学習指導要領の作成に向けての中央教育審議会答申の中でも、「教えて考えさせる指導」というフレーズとして盛り込まれるようになりました。もちろん、「教えて考えさせる授業」は、まだまだ理論的にも、実践的にも、発展途上のものです。実践校の先生方とともに、確かな手応えを感じている筆者の、現段階での「中間報告」として、本書をお読みになっていただければと思います。

「教えて考えさせる授業」を創る――目次

第2章 「教えて考えさせる授業」の実際 ―― 41

【第1章】
なぜ、いま「教えて考えさせる授業」なのか

「教えて考えさせる授業」とは何か。どのような経緯で、どのような趣旨で提案されたのかを、第1章ではまずお話ししたいと思います。

学校の授業がわからないという子どもたちが多いということは、いまさら指摘するまでもありません。不思議なことに、子どもの学ぶことは昔に比べると少なくなっているはずなのに、アンケート結果などを見ると、授業がわからないという子どもの比率はあいかわらず高いのです。

その一方では、「学校の授業はレベルが低すぎてつまらない」という子どもたちがいることも確かです。学力低下論争以降、「公立学校では学力がつかない」というキャンペーンもあってか、通塾率は高くなってきており、「塾のほうがおもしろい」とか「教え方がうまい」などと言いだす子どももいるようです。

これが、教室に集まる子どもたちの多様な姿です。しかし、そこで、「学力差があるのだから習熟度別にするしかない」と言う前に、授業設計の基本方針を見直してみませんか。

1 「教えずに考えさせる授業」は理想的か

「教え込み」への反動から「教えずに考えさせる授業」へ

「授業がわからない」と子どもが言うとき、かつては教師が一方的に説明をしていく「教え込み」の授業のことを指していました。いまでも、子どもが授業がわからないと言うと、「きっと先生が教え込み・詰め込みの授業をしているのだろう」と推測する人は少なくないと思います。たしかに、学習指導要領の内容が多く、「過密カリキュラム」「受験戦争」といわれたころ、これは日本の教育の悪しき伝統となっていたのです。

ところが、１９９０年代のいわゆる「ゆとり教育」を通じて、しだいに「教師はあまり教えずに、子どもに考えさせるのがよい授業である」とみなされる傾向が強まってきました。当時の教育界のキーワードとして、「指導より支援」「子ども主体」「問題解決」などがありました。これらは、１つのベクトルとなって、「教えずに考えさせる授業」が推奨されるようになります。

つまり、単元の導入部から自力発見や協同解決を促し、教師からの解説的な説明をほとんど行わないような授業です。教師が「知識」を与えることは、「自ら考える力」を育てることにならないというしだいです。

どういう授業かといえば、たとえば、「問題解決型」といわれる教科の典型である算数によく表れていますが、

・授業中に教科書を使わない（閉じておく、もしくは、しまうように教示される）。
・予習を促さない（「してこないでよい」あるいは、より強く「してこないように」と教示される）。
・「〇〇のしかたを考えよう」という呼びかけで始まる（教科書や教師の説明を理解するのではなく、計算のしかたや面積の公式などをすべて自力発見させようとする）。
・新しい概念については、教師からは教えず、具体的操作活動を行わせて、そこから帰納的に導かせようとする。
・多様な考えを出すことを促す（「いろいろな意見を出し合いましょう」と呼びかける）。

というような特徴があります。

　その後、講演や教員研修などの折りにあらためてわかってきたことは、こうした「教えずに考えさせる授業」がよいものだとする考えは、特に小学校を中心に、実に全国津々浦々、教科教育研究者、文部省教科調査官、教育委員会指導主事などを通じて学校現場に広められていたということです。研究授業や教科書の指導書などでも、それが前提のように扱われていることがほとんどです。

ゆとりが浪費された「ゆとり教育」

　こうなると、「わからない授業」とは、「教え込み」とは逆に「先生が説明をしてくれない授業」のことを指すようになります。私は、「ゆとり教育」と呼ばれる教育改革路線を大枠では支持しながらも、こうした授業への疑問は強く抱いていました。いわゆる「学力低下論争」が本格的に始まる前の１９９８年12月２日の朝日新聞（夕刊）の「知識軽視せず、自律的学習を——学習指導要領改訂後の教育」という小論に、私は次のような一節を書きました。

ときおり、知識をほとんど与えずにひたすら考えることを促す授業を見かけることがある。「今の教育では教えないことが大切なのだ」という声も聞く。私はそうは思わない。教えられる知識は教えるが、知識を教えるだけにとどまらない教育が必要なのだと思う。

さらに、『教育展望』２００１年９月号の小論「新教育課程における基礎・基本の定着と学力低下問題」では、「『ゆとり』が浪費されたゆとり教育」という小見出しのもとで、次のように述べました。

まず、「新しい学力観」が言われてから、現場でやや行き過ぎの感がある、「知識を与えるのではなく、子どもに考えさせる」「子どもの意欲を損なわないように、発言に否定的なことを言わない」といった動向を、より適正なものに軌道修正することである。前述したように、十年ほど前から「詰め込み」「教え込み」への反動として、そもそも、知識を教えるということ自体、もはや古い（悪い）ことであるかのような風潮が広まってしまった。（中略）さらに、「教育とは、教えることではなく、支援することである」という一見「教育的な」主張が教育学者からも出された。

こうしたキャンペーンは、「なかなか変わらない」と言われる学校現場にも相当のインパクトがあったようだ。特に、小学校にはこのような考え方が受け入れられやすい素地があったのだろう。やはりこの十年ほどの変化で言えば、「きちんと教えない授業」が目につくようになったのは残念なことである。まず、単元の導入時にほとんど知識を与えないまま、考えたり討論したりすることを促すことをときどき見かける。（中略）新しいことがわかったという喜びも（ごく一部の子を除いて）味わえなければ、得た知識を使ってさらに発展的な活動に至るということもない。こうした、充実感のない授業は、「詰め込み」とは対極にあるようだが、「ゆとり」を浪費しているゆとり教育と言わざるを得ない。

何が問題なのか

もちろん、こういう授業が全面的に悪いと言いたいのではありません。うまくいくときには、たいへん感動的な、子どもにとっても充実感や達成感のある授業になります。しかし、多くの場合にうまくいかない。「よほど条件が整わないとシナリオどおりに進まない、リスクの大きな授業形態」なのです。少なくとも、「基礎基本を学ぶ」という授業では適切な方法といえません。

現実の教室では、次のような問題が起こりがちです。

・既習内容をもとに考えることを促しても、考えあぐねてしまう子が多い。
・討論を通じてわからせたいと思っても、ほかの子どもの発言の意味が理解できず、討論に参加できる子が限定される。
・一方では、塾や予習などで「先取り学習」をしている子や、すぐにわかってしまう子もいて、授業のレベルや展開のしかたに興味を失いがちになる。
・授業のねらいや目的からはずれた「多様な意見」が出すぎて、わからない子はますます混乱し、教師は扱いきれなくなって多くの意見は切り捨てられる。

・自力解決や討論に多大の時間を消費するために、教師がていねいに補足説明やまとめをする時間がなくなる。

・教科書を使わずに、活動、板書、自作プリントで進められていくため、授業後に振り返ってじっくり考え直す手だてが乏しい。

本来「問題解決」をめざした授業のはずが、実際には問題解決とほど遠い結果に終わることが多く、定着もよくありません。つまり、「教科書に書いてあるようなことを、自力発見させよう」という授業は、そこにすらたどりつけず、基礎的内容が理解できない子どもが大量に生まれやすいのです。さらに、基礎的内容をもとに発展的な課題をする時間もなくなるので、高いレベルに行き着かないという問題も生じます。

「『教えずに考えさせる授業』では、子どもに力がつかない」と感じていた教師は、実はたくさんいたはずです。講演のあとでも、「実は自分もそう思っていた」とおっしゃる指導主事や学校の先生方は多いのです。「しかし、どうもそれが言い出せなかった」のが１

990年代の雰囲気であったようです。「自ら学び、自ら考える子どもを育てる」という否定しようのないスローガンの中で、「知識」は自ら考えることの妨げになるものであり、「教えることを手控える」のがよい教育であるかのような誤解が生まれてしまったのです。

「知識があってこそ人間はものを考えることができること」「学習の過程とは、与えられた情報を理解して取り入れることと、それをもとに自ら推論したり発見したりしていくことの両方からなること」。認知心理学を基盤として学習・教育研究をしている私たちにとって、これはもっとも基本的な考え方です

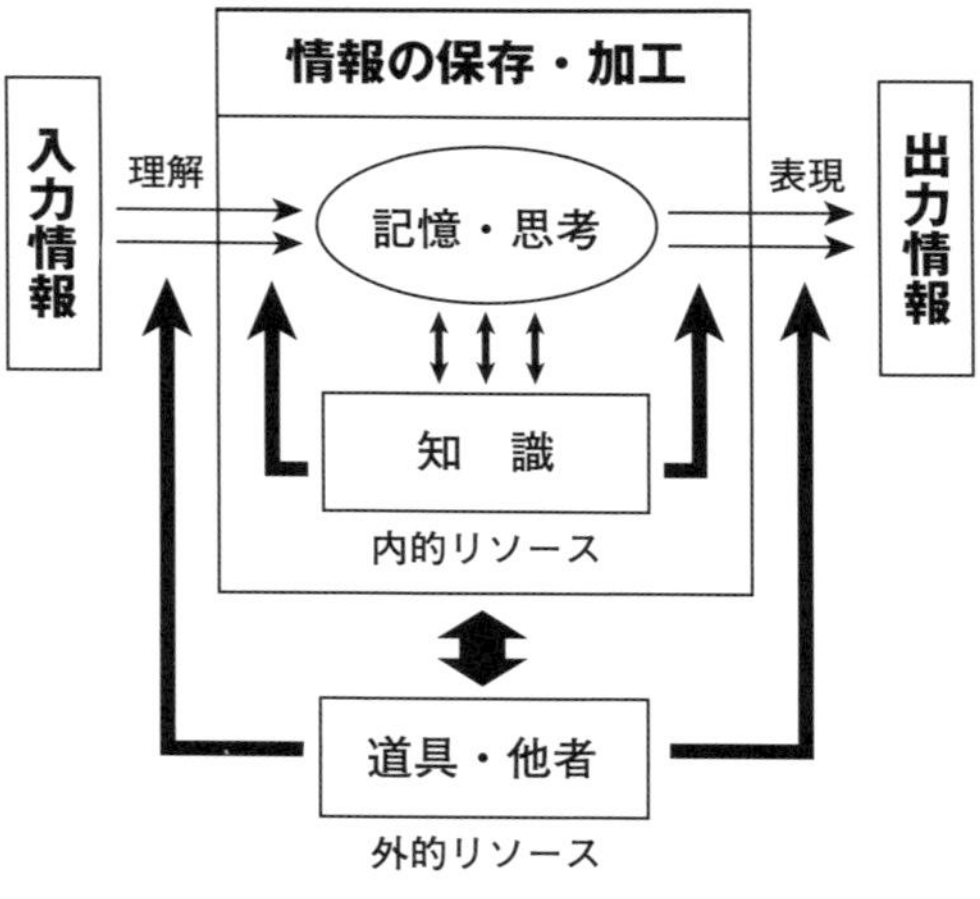

図1・1　人間の情報処理モデル

（図１・１）。

そこから見ると、「教えずに考えさせる授業」をよいものとする１９９０年代の教育界の動向が、いかに奇異なものに見えたかはおわかりいただけるのではないでしょうか。あえて言うならば、教えずに考えさせても、「自ら学び、自ら考える子ども」は育ちません。学習や発達の過程には、「教えられて、理解し、さらに、その先を考えていく」ということが不可欠だからです。これは、大人も、科学者も、当然のようにやっているあたりまえの「学び方」なのです。

2「教えて考えさせる授業」とは

学習の習得サイクルと探究サイクル

私は、現行の学習指導要領の実施を控えた２００１年暮れごろから、「教えずに考えさせる授業」と対比するかたちで、「教えて考えさせる授業」の大切さを教育雑誌や講演などで訴えるようになりました。この主張が、算数や理科の教育研究者や実践家にはかなり違和感をもたれるであろうことは承知していました。

私自身、それまで、「統計学の実践的学習法[注1]」や「ＲＬＡ[注2]」のような、いわゆる問題解決的な学習の研究や実践提案を多く行ってきたのです。しかし、それは、あくまでも基礎基本としての習得的な学習も、一方では堅実に行うことが前提でした。その前提が実は必ずしも共有されていないことも、このころからわかってきました。

学校での学習についていえば、「予習―授業―復習」を通じて既存の知識や技能を身に付けるという「習得サイクルの学習」と、自らのテーマにそって問題を追究する「探究サイクルの学習」のバランスをどのようにとり、それらを有機的にかかわらせていくかということこそが重要なテーマだと私は考えます（図１・２）。

探究サイクルの学習においては、課題追究の過程で学習者に試行錯誤させながら教えていくような授業もあってよいでしょう。また、習得と探究のどちらを先に行うかということについても、私は柔軟に考えてよいと思っています。「習得を十分行うまで、探究的な活動は行うべきでない」というつもりは毛頭ありません。

むしろ、探究サイクルの学習を行う過程で、あらためて基礎基本の大切さを実感し、習得サイクルに戻ってくるという「基礎に降りていく学び」(注3)がもっと学校教育の中に取り入れられてよいと思っているくらいです。

しかし、こと習得サイクルの学習においては、導入部から自力発見、協同解決を促し、帰納的に知識を獲得させようという「教えずに考えさせる授業」は、およそ現実的ではないし、効果が生まれにくいことは、すでに述べたとおりです。

「教えて考えさせる授業」の流れ(1)――

教師からのていねいな説明

そこで、教科書を開けば出ているような基本事項は教師から共通に教え、子どもどうし

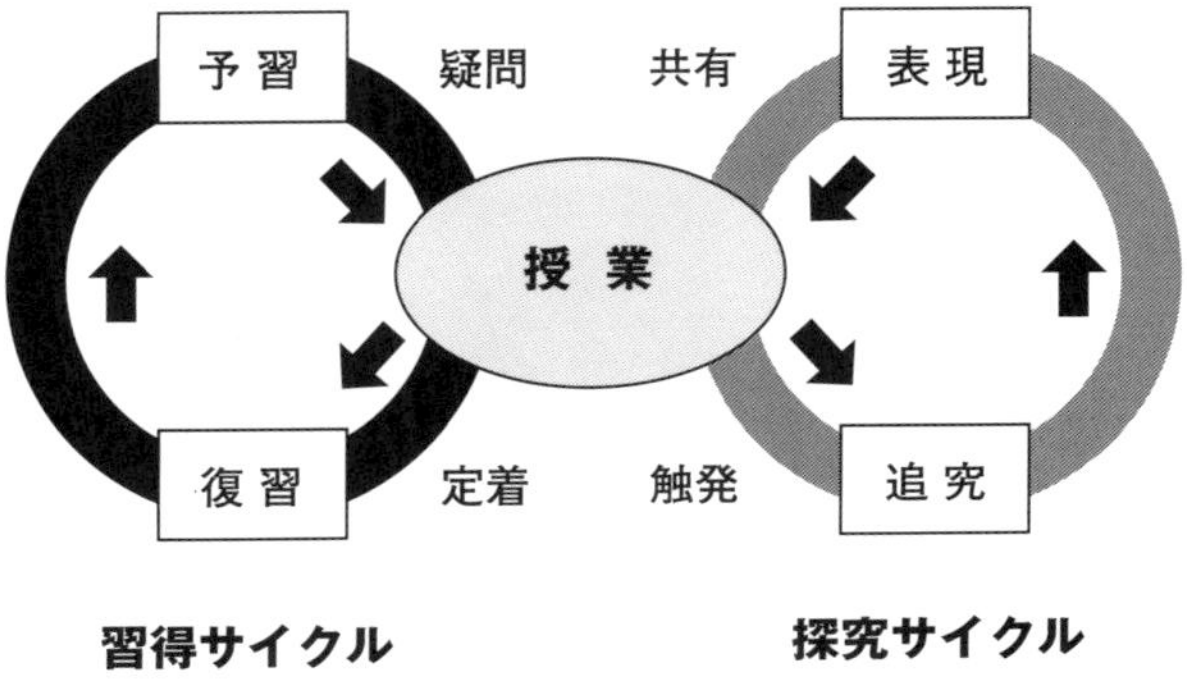

図１・２　学習の習得サイクルと探究サイクル

の相互説明や教え合い活動などを通じて理解の確認をはかります。そのうえで、さらに理解を深める課題によって問題解決や討論などを行い、授業の最後には、今日の授業でわかったこと、わからないことを自己評価として記述させる。これが「教えて考えさせる授業」の基本的な流れです。

図1・3は、「教えて考えさせる授業」の考え方と授業の流れを、「教えずに考えさせる授業」と対比させながら説明したものです。

2004年4月刊行の『学ぶ意欲とスキルを育てる――いま求められる学力向上策――』(小学館)では、私自身の模擬授業(小学校算数3年の「わり算の導入」)を事例に、「教

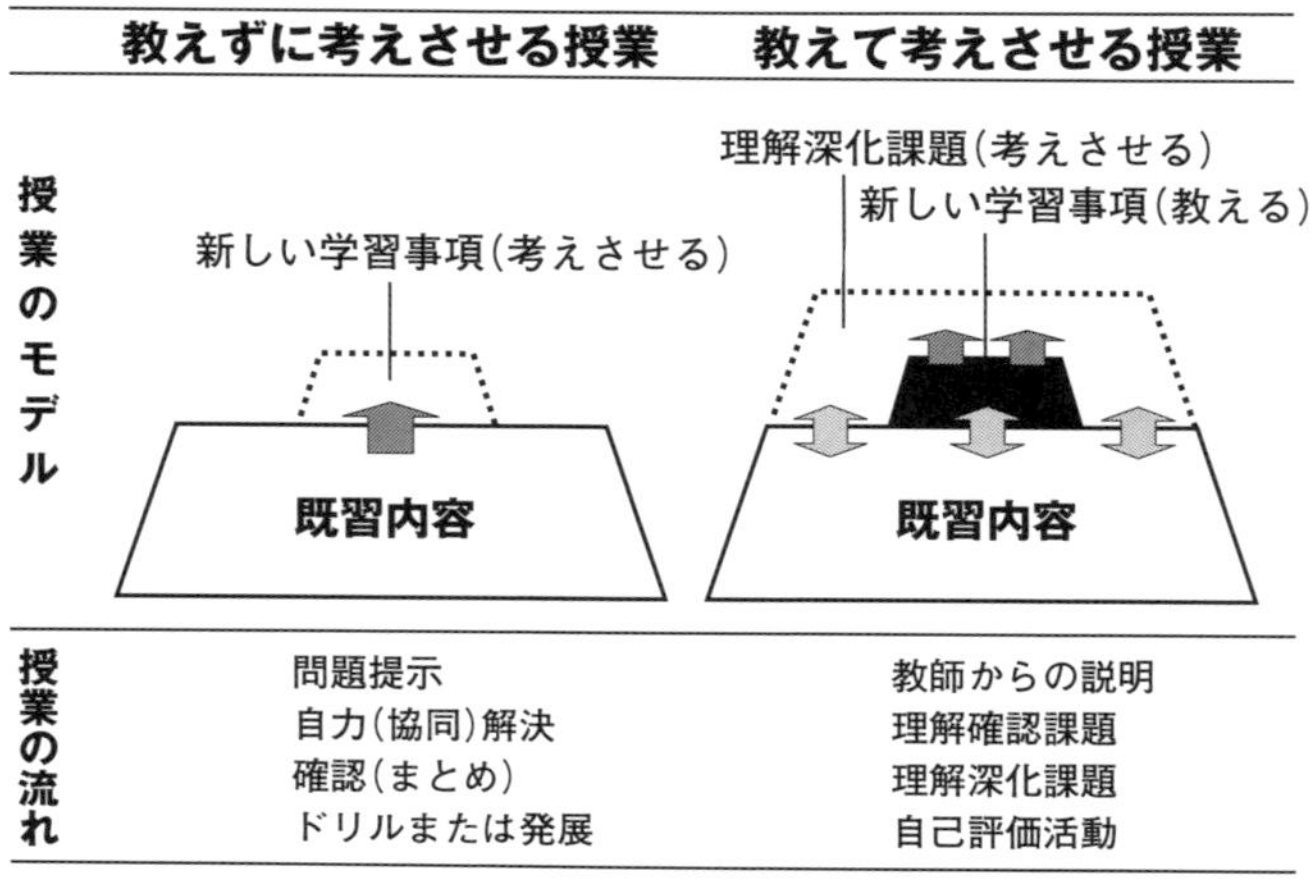

	教えずに考えさせる授業	教えて考えさせる授業
授業のモデル	新しい学習事項(考えさせる) 既習内容	理解深化課題(考えさせる) 新しい学習事項(教える) 既習内容
授業の流れ	問題提示 自力(協同)解決 確認(まとめ) ドリルまたは発展	教師からの説明 理解確認課題 理解深化課題 自己評価活動

図1・3「教えずに考えさせる授業」と「教えて考えさせる授業」

えて考えさせる授業」について、その趣旨と方法を述べました。「12個のクッキーを3人で同じずつ分けると1人分は何個になりますか」という問題を扱っています。

これを「考えさせる」ことから始めるのが、よくある授業の展開です。そうした授業をいくつか見てきましたが、6～7割くらいの子どもたちは、未習事項であるはずのわり算をすでに知っており、すぐに「12÷3＝4」と答えを書いているのです。先生は、具体物としてブロックやタイルを渡して考えさせようとするのですが、すでに答えの出ている子どもはのってきません。

著書の中であげた「教えて考えさせる授業」の例では、まず、「わり算はかけ算の反対だ」というキーセンテンスを示し、このことの意味をわかって、説明できるようになることが「めあて」であることを子どもに示します。そのうえで、「4個×3人＝12個」というかけ算の式で、全体の12個と人数3人がわかっているときにどうやって1人分の個数「4個」を求めるか、という問題として、「12個のクッキーを3人で同じずつ分けると1人分は何個になりますか」を出します。

いきなり答えを出せる子どもがたくさんいることは承知しています。しかし、ここで、初めに12個あるクッキーを、1人に1個ずつ配り、まだ余っていれば、2個目を配り、まだ余っていれば3個めを配り、……と分配していけば、ちょうど全部なくなったところで、1人分は「4個」という答えが求まることを教えます。

次に、教科書の図（図1・4）を使いながら、かけ算九九を使えば、具体物を操作しなくても、「□×3＝12」にあてはまる□が4であることが求まることを教えます。以上が教師からの説明ということになります。

「教えて考えさせる授業」の流れ（2）——理解の確認と深化の課題

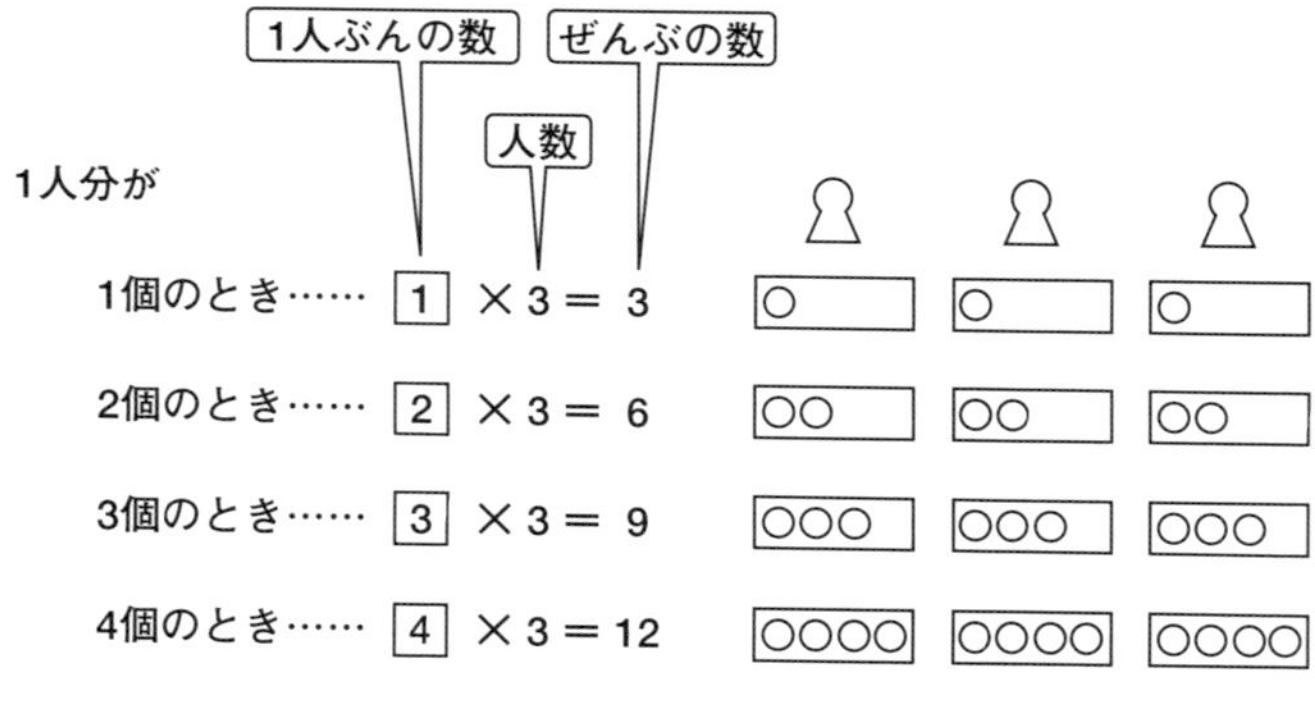

図1・4　わり算の答えを九九で求める
（東京書籍『新しい算数 平成14年度版 小3上』P.23の図を改変）

理解確認の課題としては、子どもどうしで、分配による求め方、九九による求め方を説明してもらいます。分配による求め方では、「初めに12個あります。3人にまず1個ずつ配ります。まだ余っているので、もう1個ずつ配ります。まだ余っているので、……」という教師の説明の言葉も含めて、分配の操作を模倣させてみると、理解度が確認できます。

大人から見るとやさしそうですが、子どもはけっこう苦労することが、実際に小学校で授業をやってみるとよくわかります。また、教科書の説明でわからないところがあれば、付箋（小学校の授業では「ペタリン」と呼びます）を貼ってもらいます。これらの理解確認活動では、3～4人の小グループによる教え合い活動も入れ、教師はグループを回りながら確認や指導をしていきます。

以上は等分除の場合ですが、包含除(注4)の場合を、これと比較対照しながら説明していきます。つまり、かけ算の反対であるわり算には、もう1つあることを教えます。「4個×3人＝12個」で、全体の12個と1人分4個がわかっているときに、どうやって人数の「3人」を求めるかです。問題としては、「12個のクッキーを1人4個ずつ配ると何人に分けられますか」となります。

包含除の理解確認を行ったあと、理解深化課題としては、「わり算には、2つの種類があるようだね。それぞれのわり算のタイプにいい名前をつけてあげよう」ということを出しました。名前をつけるという活動を通じて、それぞれのわり算がやろうとしていることをつかんでもらうのがねらいです。子どもたちからは、「何人わり算」と「何個わり算」というようなアイデアがいろいろ出てきます。

続いて、もう1つの理解深化課題として、「それぞれのタイプのわり算の問題を自分で作ってみよう」という課題を用意しました。作った問題は、お互いに出し合い、出された子どもは、どちらのタイプのわり算かを判断して、実際に答えを求めます。出したほうの子は、それが合っているかどうかをチェックすることになります。

この単元には11時間が割り当てられています。単元が終わったときに、わり算には2つのタイプがあることを説明でき、それぞれのタイプの問題例を自分で作れ、その解き方も説明できることを目標にしています。これは、けっして学習指導要領を逸脱しているわけではありません。「わり算の意味を理解する」というのが、まさにこの単元の重要な目標で、教科書も等分除と包含除を意識して書かれています。

しかし、小学校３年生にとって、そのレベルにまで達することはまずないのではないでしょうか。小学校６年生でも、なかなかできないことです。それを可能にするには、「12個のクッキーを３人で同じずつ分けたら１人分は何個になるでしょう」の自力発見や協同解決に延々と時間をかけないことです。そこは教えて、理解を確認する。そのうえで、さらに進んだ課題を行うことで、理解を深めたり、高めたりする「教えて考えさせる授業」だから可能になるのです。

3 定着・深化・意欲を促す授業

山口由美子先生の算数の授業例

拙著『学ぶ意欲とスキルを育てる』で私が紹介した具体例は、「教えて考えさせる授業」のイメージをつかんでもらうための模擬授業でした。そのとき授業で子ども役をやってくれたのは、私の研究室の学生たちです。しかし、この本が出てから、「教えて考えさせる授業」が知られるようになり、各地での実践がしだいに聞かれるようになりました。私自身も学校や教育委員会などにこのテーマで呼ばれることが多くなってきました。

私が講演や教員研修などで当初よく使わせていただいたのは、山口由美子先生の算数の授業風景のビデオでした。山口先生は、当時赴任していた金沢市立犀川小学校で、算数の専任教師として3年生から6年生までのＴＴ授業に入り、前掲書の刊行直後から「教えて考えさせる授業」の実践に取り組まれました。基本的な理念とともに、次のような「教えて考えさせる授業」の特徴を生かした授業展開になっています。

- 教科書を用いたていねいな説明
- 理解の自己診断としての付箋紙（前掲書で名づけた「ペタリン」）の活用
- 小集団による教え合い活動や協同解決活動などの促進
- 教えられた知識を用いた発展的課題の導入
- 「わかったこと」「わからないこと」の記述によるメタ認知（注5）の育成

こうした取り組みは、学校全体に広がり、3年間の研究期間を経て、犀川小学校では、子どもたちの学習意欲や学習スキルの向上となって表れ、学力テストの成績も大きな伸びを示しています。

また、「教えて考えさせる授業」をやってみて、山口先生が驚いたことの1つに、子どもの学習意欲の向上があります。それまで、授業が終わって休み時間になればすぐに教室を出ていった子どもたちですが、休み時間になっても、討論を続けたり、1人で考え続けている子がいるというのです。

その原因は、基礎的なことを教わって共通の知識の基盤ができているので、コミュニケーションがとりやすくなっていること、途中まではわかっているのでもう少しがんばれば何とかアイデアが出そうだという気になっていることではないかと、山口先生は考えています。

たしかに、基本的な用語の意味もよくわかっていなければ、お互いの言っていることの意味もつかみにくく、話が通じ合いません。授業内容がわからなければ、問題解決に向かう意欲も失せてしまうでしょう。「教えて考えさせる授業」が、基礎的なことは共通に教えるかわりに、その先での問題解決や討論を促している、ということが子どもの行動にも表れたエピソードといえます。

●鏑木良夫先生の理科の授業例

もう1つ、私が研修や講演でよく使わせていただくビデオは、草加市立八幡小学校の鏑木良夫先生の6年生の授業です。鏑木先生は、校長先生になってからも、いろいろな教科のモデル授業をよくなさっていますが、もともとは理科が専門です。その鏑木先生が、「理科でこそ、教えて考えさせる授業」とおっしゃったのには、正直なところ私もびっくりしました。

理科というのは、ふつうは、「教えて考えさせる授業」がもっとも反発される教科です。「先に実験の結果を知ってしまったら、子どもの関心や意欲がそがれる」「結果がどうなるかを考えさせてから、実験するのが当然だ」、あるいは、「びっくりするような実験を見せて、興味を引きつけてから授業に入る」というのが、伝統的な理科教育での意見です。まして、予習で教科書を読んでくることが奨励されることはまずありません。

この授業では、「アルミニウムを塩酸に入れたらどうなるか」という実験をするのですが、鏑木先生は、なんと「教科書を読んで、簡単なまとめを作ってきましょう」という宿題を、予習として課しています。教科書には、「ブクブクと泡を出して溶ける」と書いてあり、写真までついています。子どもたちはそれをノートに書き取ってきます。

予習でそこまでやってしまったら、さぞかしつまらない授業になるかと思うと、実際はまるで逆なのです。最初に先生が教壇で演示実験をしますが、そのときから、「もう結果は知っているから見てもしょうがない」などという子はだれもいません。どのように溶けるのか見たくて、教壇の周りにひしめいています。

次に、３～４人のグループに分かれて実験するのですが、先生はここで、「予習をやったところまで線を引き、その下に、実験をやってみてわかったことを箇条書きにしていきましょう」「大切なことは、においとか、温度とか、五感を使ってよく観察することです」と教示します。

この教示が、実は大切なポイントです。子どもたちは、「実験の結果を知っている」といっても、それは教科書の文字情報や写真だけです。実際に実験を行って観察するということは、それをはるかに超える経験をしていることになります。子どもたちは、さまざまなことに気づき、それを発表し合います。およそ、意欲や興味を失うなどということはなく、非常に活気のある授業になっています。

予習というのは、映画でいえば予告編のようなものになっていることが、この授業からよくわかります。「予告編を見たので、本物の映画はもう見たくない」などという人はまずいません。むしろ予告編を見ることで、本物を見たくなるのです。そのために、わざわざ映画会社は予告編を流しているのです。「溶ける」という結果を知れば、「どんなふうに溶けるのか」を知りたくて、子どもはワクワクしながら授業にやってきます。

「教えて考えさせる授業」は何をめざすのか

「教えて考えさせる授業」は、１９９０年代の行きすぎた教育方針にバランスを取り戻そうという「ごく自然な、あたりまえの提案」の１つだと思います。理解と定着を促すオーソドックスな授業形態であり、その意味では教師に名人芸的な技量を求めなくても、ある程度の学習効果が期待できます。また、その一方では、課題や展開に工夫を凝らせば、感動的でかつ高度な授業にもなるという奥深さを秘めているのです。しかし、単純化されたフレーズにしてしまったために、ポイントが見すごされたり、誤解や反発を招いたりすることも確かです。

「教えて考えさせる授業」に大賛成とか、「そんなことはあたりまえで、とっくにやっている」という先生の中にも、「教える場面」と「考えさせる場面」さえつくれば、「教えて考えさせる授業」になると思ってしまう方がいるようです。そうした授業は、教師が一方的な説明を行って、「教えた」こととし、問題を与えて解かせれば、「考えさせた」ということにしてしまいます。

「教えて考えさせる授業」は、「わかる授業」「子どもが充実感を感じられる授業」をめざして提案されたものです。そして、その背景には、認知心理学的な理論と、認知カウンセリング(注6)の実践があります。ただ、一方的に教え、そのあと問題を出して考えさせるというだけでは、前半にも後半にも、「わからない授業」を経験するだけに終わってしまうかもしれません。

あらためて、「教えて考えさせる授業」のそれぞれの段階での注意点をまとめてみましょう。

・「教える」の部分では、教材、教具、操作活動などを工夫したわかりやすい教え方を心がける。また、教師主導で説明するにしても、子どもたちと対話したり、ときおり発言や挙手を通じて理解状態をモニターしたりする姿勢をもつ。
・「考えさせる」の第1ステップとして、「教科書や教師の説明したことが理解できているか」を確認する子どもどうしの説明活動や、教え合い活動を入れる。これは、問題を解いているわけではないが、考えないとできない活動として重視する。
・「考えさせる」の第2ステップとして、いわゆる問題解決部分があるが、ここは、「理解深化課題」として、多くの子どもが誤解していそうな問題や、教えられたことを使って考えさせる発展的な課題を用意する。小グループによる協同的問題解決の場面により、参加意識を高め、コミュニケーションを促したい。
・「考えさせる」の第3ステップとして、「授業でわかったこと」「まだよくわからないこと」を記述させたり、「質問カード」によって、疑問を提出することを促す。これは、子どものメタ認知を促すとともに、教師が授業をどう展開していくかを考えるのに活用できる。

こうして見てくると、「教えて考えさせる授業」では、子どもの理解状態を把握することを、非常に重視していることがわかるでしょう。いくらわかりやすい説明を教師が工夫しても、ほんとうにそれが通じたのかどうか。これを理解確認課題で把握しようとします。また、問題解決や討論で活発な活動が見られたとしても、個々の子どもにどれだけのことが理解されたのか。これを自己評価における子どもの記述や質問から見取っていくのです。

また、授業を通じて、子どもの発言や挙手の様子から、クラスの中がどのような理解状態の分布かを大まかにでも把握することに敏感でなくてはなりません。これは、どのような授業でも大切なことです。ところが、「教えて考えさせる授業」で、「教える」と「考えさせる」という言葉だけに注目すると、つい見落とされがちです。

実は、自力解決とか練り上げを重視した授業でも、「個々の子どもにとって、何がわかり、何がわからなかったのか」を把握する手だてが講じられていないことがしばしばあります。「子ども中心」の授業が、発言する子どもが主導する「できる子ども中心」の授業となり、「授業がわからない子どもの声」が教師の耳に入らないということになってしまうのです。

受容学習と問題解決学習の統合に向けて

「教えて考えさせる授業」は、問題解決学習や討論を否定するものだととらえる向きもあります。これは最大の誤解の1つです。「教えて考えさせる授業」は、問題解決や討論を大いに重視しています。ただし、いきなりそれを導入部から行おうとはしていないのです。

導入部というのは、新しい概念を扱うことが多く、人類が何百年もかかって発見してきたようなことが含まれています。しかし、聞いてしまえば、「何だ、そんなことか」と言われるようなことでもあるのです。

たとえば、「小数のかけ算のしかたを考える」とか、「平行四辺形の面積を求める」という問題がよい例です。これを「問題解決」させようとするので、先取り学習で知っている子どもには退屈で、他方、知らない子には敷居の高い授業になってしまうのです。ここは、むしろ「教わって理解する」という学習、すなわち、心理学でいう「受容学習」でも十分とするほうがよいのではないでしょうか。

受容学習というのは、けっして「受け身の学習」ということではないのです。自分で発見したことではなく、他者から知識を学ぶ学習のことです。そこでは、むしろ、情報を理解して自分の知識体系の中に組み込んでいくという、ある種の能動性が求められます。「知識注入」という言葉が悪い意味で使われますが、人間の知識はけっして簡単に注入できるものではありません。

しかも、こうした受容学習は、研究者と言われる人も、常に行っていることなのです。学校の先生も、よい授業をつくろうという研究をするには、自分の経験だけでなく、他者の授業を見たり、教育書を読んだり、講演を聞いたりと、さまざまな受容学習を行っているはずです。

そこで得た知識があってこそ、よりレベルの高い問題解決学習や、より多くの子どもが参加できる討論が行えるのです。「教えて考えさせる授業」で、未習事項も含め、教師からの説明によって知識を与えるのは、有効な問題解決や討論を行うための１つの手段と考えてほしいのです。

また、「理科で、先に結果を教えてしまうと、生の自然体験、実験・観察などを軽視することになる」という反発もよくあります。前節で紹介した鏑木先生は、予習による知識は、どういう現象が起こるかをだいたい把握しておくのに役立つと同時に、その先に見るべきことを焦点化することにもなると言います。それは、観察の観点がより鋭くなるということです。「教えて考えさせる授業」によって、体験、実験・観察はより楽しく有意義なものになるのです。

Q&A 「習得・探究」と「教えて考えさせる授業」

◆「習得」が教科、「探究」が総合なのか

……市川先生がおっしゃる「習得」と「探究」という言葉は、中教審答申（平成20年1月）などでも使われています。習得が教科の学習、探究が総合的な学習と、おおよそそういうとらえ方でよろしいのでしょうか。

市川　実際にはそれが多いかもしれませんが、各教科の中でも子ども自身が自分の興味・関心にそって教科の内容に根ざしたテーマを追究するような学習があると思います。それは探究サイクルの学習と言えると思うんです。一方、総合的な学習はほとんどが探究と言っていいと思います。まさに自分の興味・関心にそってテーマを追究するような活動が促されているわけですから。しかし、教科の学習については、全部が全部習得とは限らないということですね。

◆「活用」をどう捉えるか

……中教審答申では、習得と探究の間に「活用」を位置づけることが大切だということが強調されています。これについて、市川先生はどうお考えなのでしょうか。

市川 私は、習得・活用・探究というのがあることはわかりますけれども、活用というのは学習の型ではないと思っているんです。型としてはやっぱり習得と探究なんだろうと。要するに、習得でやったことを探究で活用するのであって、活用型という教育があるわけじゃないと思うんですけどね。

また、習得の中で考えても、新しい習得学習をするときに既習事項を活用するということもあるでしょうから、習得サイクルの中での活用というのだって、あり得ると思うんです。ですから、活用を習得や探究と並ぶ1つの型としてとらえることにはちょっと違和感があります。

ただし、「習得は単に知識・技能を身に付けるだけではない」「探究はただ自分で追究するだけではない」という考えを前面に打ち出した点は意義があると思っています。

◆習得と探究のリンク

……では、習得と探究の学習をどうリンクさせるかということについて、実践の参考になるようなポイントや具体的な事例をうかがえますでしょうか。

市川　私がよく紹介させていただくのは、三宅なほみさん（現在、中京大学教授）から教わった「機能的学習環境」という考え方です。機能的学習環境とは、学習者にとって、学んだことが機能している、つまり、生きてはたらいているような学習の場やあり方ということです。

当時、彼女は短大の教員で、英語の授業をもっていて、学生に自分が調べたいテーマを、パソコン通信を使って外国の人とやりとりしながら追究していく、という実践を行いました（これについては拙著『学ぶ意欲とスキルを育てる』に詳しく書きましたので、そちらをぜひ参照してください）。

つまり学生たちは、現実的なコミュニケーション場面で、これまで習得してきた英語の知識が実際に役立つという経験をするわけです。逆に、そういうコミュニケーションをしていると、テーマの追究に付随して英語の学習もすることになる。また、この場合には、付随してコンピュータの扱い方も学ばれています。

こうしたことは、中学校や高校の英語や総合の授業でも十分できると思います。たとえば、中学生が外国の子どもたちと、Eメールでやりとりをする。Eメールですから、じっくり読んでじっくり返事を書けるわけです。先生だって、わからない単語は辞書を引けばいいんですから、十分サポートが可能でしょう。電話よりは、はるかに楽です。

あるいは、高校生が環境問題について身の回りのことをいろいろ調べて、向こうの高校生とやりとりする。こうなってくると英語の先生だけではつらいかも知れません。そこで、チームをつくって、理科の先生、社会科の先生、英語の先生が一緒になってサポートするということになれば、まさにそこでこそほんとうの総合が生まれるのではないでしょうか。英語の時間に習得をしっかりやって、総合の時間でそういう探究活動をすれば、異なる教科の先生方もお互いに連携し合うことができるのではないかと思います。

◆現実の場面で生きるPISA型学力

……よくわかりました。やはりカギになるのは、子どもにとって、学んだことが生きてはたらく機能的な学習環境をいかに実現するかということなのですね。

市川　そうですよね。私はそれはすごく大事だと思うんです。実はこれが、ここ数年で盛んに言われ出した「ＰＩＳＡ型学力」ということにも非常にかかわると思っています。現実の生活場面で生かされる、そういう学力のことですね。

現実の場面では、要するに意見交換したいと思う人たちとコミュニケーションをしているわけです。それは日本人どうしでのこともあるし、相手が外国人ということもあると思いますけど、それが現実の社会で私たちがやりたいことですよね。

そういう場面をもっと学校の中にも入れてみると、国語教育だって変わっていくはずです。文学的な心情読み取りとか、説明文で相手の言っていることを理解すればいいということとは違って、自分から発信していくときに、どんな組み立て方にしたらいいかと。

自分で論理を組み立てるためには、当然相手の言っていることをわかったうえで組み立てないといけません。そこで、相手は何を言いたいのか、それに対して自分はどう応じるのか、賛成なのか反対なのか、その根拠は何かということを組み立てていかなくてはいけない。それはまさに「ＰＩＳＡ型読解力」ということになりますよね。実生活の中で生きてはたらくような力ということです。

私は、機能的学習環境が提唱された1980年代からの流れをしっかりと受けとめて、それに取り組んできたのがOECDの委員会であって、それがPISAという1つのテストとして結実したんだと思っています。もちろん、日本でもそういう考え方はあったのですが、教育界や社会全体にインパクトを与えきれなかったのです。

◆「教える」が習得、「考えさせる」が探究というわけではない

……「教えて考えさせる教育」「教えて考えさせる指導」などの言葉が、中教審教育課程部会の審議報告には出てきました。一般には、「教える」を習得、「考えさせる」を探究と対応させてしまうというとらえ方もあるようですが、これは誤解なのでしょうか。

市川 そうですね。「習得サイクルでしっかり教えて基礎基本を身に付けてから探究サイクルの学習をするべきだ」という主張だととらえてしまうのでしょう。「教えて考えさせる授業」は、習得サイクルにおける授業形態の基本原理として提唱されたものなのです。

前述したように、私は、探究活動を行う中から、必要を感じて基礎基本の習得に戻って

くるという「基礎に降りていく学び」が、むしろ学校教育場面で取り入れられてよいということを主張してきたくらいです。また、習得サイクルの学習だからといって、「教える」一辺倒でいいとは思っていません。ある知識や技能を身に付けるために、問題を考えるということが当然あるわけです。

私が述べているのは、あくまでも、明確な教育目標のある習得型の学習においては、「教えて考えさせる授業」を原則にすべきだということです。しかも、それさえ「原則」ですから、常にそうするべきだというのではありません。子どもの実態、教科や単元の性質、教師の力量などによって、臨機応変に選択していくことが望ましいでしょう。

「教えて考えさせる授業」「教えずに考えさせる授業」「教えながら考えさせる授業」など、どれも教師にとって必要なレパートリーであることにはかわりないのです。「教えて考えさせる授業」のワンパターンを推奨しているわけではありません。ただし、習得サイクルの授業としては、どういう形態を基調にするのがいいかと聞かれれば、迷わずに「教えて考えさせる授業」と答えたいと思います。

注

（1）**統計学の実践的学習法**　筆者が、大学での統計学教育で実践していた方法。学生は、現実のデータ解析を通して統計学を学ぶ。統計理論だけを教えて実際のデータ解析はほとんど行わない講義や、統計知識を十分に習得してから実際のデータ解析を行うべきという考え方とは対照的。

（2）**ＲＬＡ（Reseacher-Like Activity）**　もともとは、大学や大学院の授業方法として、筆者が提案したもの。単なる「勉強」としてではなく、「研究者になってみる」という目的的な探究活動に参加することで学習が成立することをめざす。詳細は参考文献にあげた市川（２００４）ほかを参照。

（3）**基礎に降りていく学び**　私はよく、テニスの試合と練習の関係にたとえて説明する。下手でもテニスのゲームはそれなりに楽しめるが、やっているうちに「もっと勝ちたい、うまくなりたい」という欲が出てくるもの。そのときに、必要感をもってあらためて行うサーブやボレーの基礎練習には身が入る。また、実際に試合でその成果を確かめることもできる。練習と試合がリンクすることで、やる気が喚起される。これが、「基礎に降りていくテニスの練習」である。

（4）**等分除と包含除**　もともとかけ算の意味は「一当たり量」×「いくつ分」＝「全体の量」。

わり算はかけ算の反対なので、わり算には、①「全体の量」÷「いくつ分」＝「一当たり量」（等分除）、②「全体の量」÷「一当たり量」＝「いくつ分」（包含除）の２種類があることになる。

（５）**メタ認知**　自分の認知に対する認知のこと。具体的には、①自分の認知的能力についての知識をもつ、②自分の認知過程の状態を把握する、③自分の認知行動を制御する、などの内容を含む。

（６）**認知カウンセリング**　「○○がわからなくて困っている」といった認知的な問題をかかえている人を対象に、個人的な面接を通じて原因を探り、解決のための援助を与える実践的研究活動。詳細は、参考文献にあげた市川（１９９３、１９９８）を参照。

参考文献

市川伸一編著（1993）『学習を支える認知カウンセリング―心理学と教育の新たな接点―』ブレーン出版

市川伸一編著（1998）『認知カウンセリングから見た学習方法の相談と指導』ブレーン出版

市川伸一（2004）『学ぶ意欲とスキルを育てる―いま求められる学力向上策―』小学館

市川伸一・鏑木良夫編著（2007）『教えて考えさせる授業 小学校―学力向上と理解深化をめざす指導プラン―』図書文化社

鏑木良夫（2004）『理科を大好きにするラクラク予備知識の与え方』学事出版

鏑木良夫（2007）『教えて考えさせる先行学習で理科を大好きにする』学事出版

【第2章】
「教えて考えさせる授業」の実際

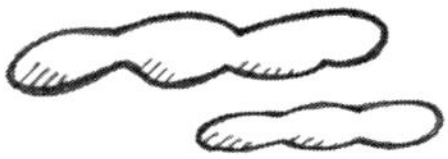

第1章では、「教えて考えさせる授業」について、その背景、趣旨、授業の流れなどを説明しました。本章ではさらに、より具体的な授業のイメージをもっていただくために、私自身が、実際に小学校で行った授業実践をご紹介します。

平成19年の5月、静岡県磐田市立富士見小学校で、4年算数のティームティーチング（TT）として行った授業です。単元は、「1けたでわるわり算」で、本時の学習内容は、「くり下がりのある2けた÷1けたのわり算」です。

教科書は、学校図書の『みんなと学ぶ　小学校算数　4年上』（平成17年版）を使っています。49～51頁に、本時で扱った該当部分をそのまま転載してありま す（図2・1）。また、54頁には、私が行った授業の概略が示してあります（表2・1）。

また、この日には、別の3人の先生も同じところを、それぞれ「教えて考えさせる授業」として実施していますので、それも紹介させていただきます。「教えて考えさせる授業」がどのようなものなのか、これまでの授業とどこが違うのか、本章では、具体的な実例を通して示していきたいと思います。

1 授業の概要

「教えて考えさせる授業」をＴＴで実演する

「教えて考えさせる授業」の話を学校の先生にすると、「どんな授業なのか、具体的に見せてほしい」とよく言われます。これは、当然のことだろうと思います。どういうコンセプトで、どのように行う授業なのかを一般論として説明しても、なかなかイメージがわかないものです。また、書物や雑誌で、具体的な授業の様子を言葉で描写したとしても、やはりわかりにくいものです。

そこで、講演の際には、第１章でも紹介した、山口由美子先生や鏑木良夫先生のビデオを見せるようにします。やはり「百聞は一見にしかず」で、効果は絶大です。「本で読んだときのイメージとはかなり違う。なるほどと思った」と言ってくださる先生が増えます。しかし、それでも、「もし、この教科、この単元でやるとしたら、どういうふうにしたらいいのか、わからない」と言われてしまいます。

そこで、最近は、私のほうで大胆にも、「では、一緒に授業をやってみませんか」ともちかけるようにしています。大学の、しかも、心理学の教授が、小学校や中学校の教科の授業をするとは思ってもみないらしく、驚く方が多いようです。私は、個別学習指導や、子ども向けの心理学の入門講義などをすることがしばしばあったので、授業をすること自体は、それほど抵抗はありません。むしろ、大学生への授業より、小学生に対する授業のほうが、子どもが素直に反応してくれるので楽しいくらいです。

授業は、原則としてティームティーチング（ＴＴ）で行います。授業として上手かどうかは別として、あくまでも「教えて考えさせる授業」がどのようなものであるかを参観者に知っていただくためのデモンストレーション授業です。ＴＴの相手の先生に、指導案作成段階で、どんな点に注意して授業を組み立てるのかを知ってもらうことも大きなねらいです。また、当日は私がＴ１（メイン講師）として授業を進めますが、どういうことに配慮しながら進めていくのかを（アドリブ的な対応も含めて）知っていただきたいということもあります。

「教えて考えさせる授業」は、習得型授業のスタンダードとして提唱している以上、「どの教科、どの単元でやりたい」などと、こちらからあまり要望は出したくありません。そのクラスの授業進行上、どこをするかがおのずから決まってくるでしょうから、「言われたところをする」のが原則だと思っています。ただし、実際には、「教えて考えさせる授業」の実践を算数・数学で始めている学校が多いので、算数・数学の依頼がほとんどです。

これは、正直なところありがたいことです。私自身、もともと理科系の学生で、算数・数学が好きでしたし、学習相談でも算数・数学を教えることがいちばん多かったので、比較的やりやすいのです。算数・数学は、「目標とする知識・技能」が明確で、「教えて考えさせる授業」の特徴がはっきり出しやすいこともあります。本章でも、小学校で行った算数の授業例を中心に紹介したいと思います。

この授業の背景と状況

ここで紹介する授業を行った静岡県磐田市立富士見小学校の４年生は、もともと３学級から成っています。本時は、同じ学習内容を４つの習熟度別クラスに分けてやることになっていました。「発展」が鈴木秀幸先生、「標準Ⅰ」が上原清美先生、「標準Ⅱ」が私（T

1）と竹之内和子先生（T2）、そして「定着」が寺田規子先生という具合です。

どのクラスも、「教えて考えさせる授業」のスタイルでやりましたが、展開のバリエーションが出てきました。ほかの先生のクラスの授業も、本章の最後に少し紹介したいと思います。同じ学習内容を、「教えて考えさせる授業」スタイルでやっても、子どもの習熟レベルや先生の考え方の違いによってさまざまな組み立てになる、ということの例として見ていただければと思います。

本時で中心的に扱うのは、72÷3のような繰り下がりのあるわり算の計算です。前時には69÷3の学習をしています。69÷3の場合には、まず十の位の6を3でわって2、次に一の位の9を3でわって3、これら部分商を合わせて商は23とすぐに答えが出ます。要するに、2けた÷1けたのわり算の考え方は、わられる数（2けた）を十の位と一の位に分け、それぞれをわる数（1けた）でわったあと、部分商を加えるというものです。

ところが、72÷3の場合には、十の位の7を3でわると7÷3＝2余り1となり、十の位に余りが出てしまいます。これをどうするか。十の位をわって余り1というのは、実は10が余ったことになりますから、それを1の位の2と合わせて12にして、さらに3でわり進むということになります。こうなると、筆算でやらないと、なかなか大変です。そこが、ちょうど本時の学習ということになります。

本時の内容と一般的な授業展開

私の授業の中身に入る前に、まず、本時の学習内容を、教科書にそって少し詳しく見ておきましょう。多くの先生もそうかもしれませんが、授業をすることになると、私はまず、教科書でどのように扱われているのかを見ます。教科書には、「69まいの色紙を、３人で同じ数ずつ分けます。１人分は何まいになるでしょうか」という問題が、色紙の図とともに出ています（教科書の39頁）。具体物の操作と筆算の過程を対応させて理解させるという意図が見てとれます。

色紙で考えると、69枚というのは、10枚ずつの束が６つと、バラが９枚です。まず10枚ずつの束を３人で分けると、60÷３＝20で、１人20枚。次にバラを分けると、９÷３＝３で１人３枚。合わせて（20＋３）となり、答えは23枚です。

同様にして、次は「72まいの色紙を、３人で同じ数ずつ分けます。１人分は何まいになるでしょうか」という問題があります。これが本時の新しい学習内容です。この問題のポイントは、十の位からやっていくと、10枚の束が1つ余ってしまうということです。そこで、余った束をバラの10枚にばらして、残りの2枚のバラと合わせて12枚にする。そして、これをまた3人で分ける。この「束をばらす」ということに気づかせるというのが大きなポイントになります。

従来の「教えずに考えさせる」という方針の問題解決型授業ならば、ここで、「既習をもとに、10の束と1のバラの分け方を考えてみよう」と言って、子どもたちに自力発見や協同解決をさせる、という展開になるのでしょう。しかし、「束をばらす」というアイデアを経験上知っている子もいるでしょうし、すぐに気づいてしまう子もいるでしょう。

しかも、教科書を1頁めくると、わり算の計算を色紙の図や筆算のしかたと対応させたていねいな解説が出ており、「束をばらす」考え方が出ているのです（教科書の40～41頁）。ここで子どもたちが気づいていくのを待って十分な時間をとれば、知っている子やすぐに気づいた子にとっては、実に退屈だろうと思います。また、逆に気づかない子にとっては、周りの子がしだいに気づいていく中で、考えることを促されても苦痛な思いがつのるだけ

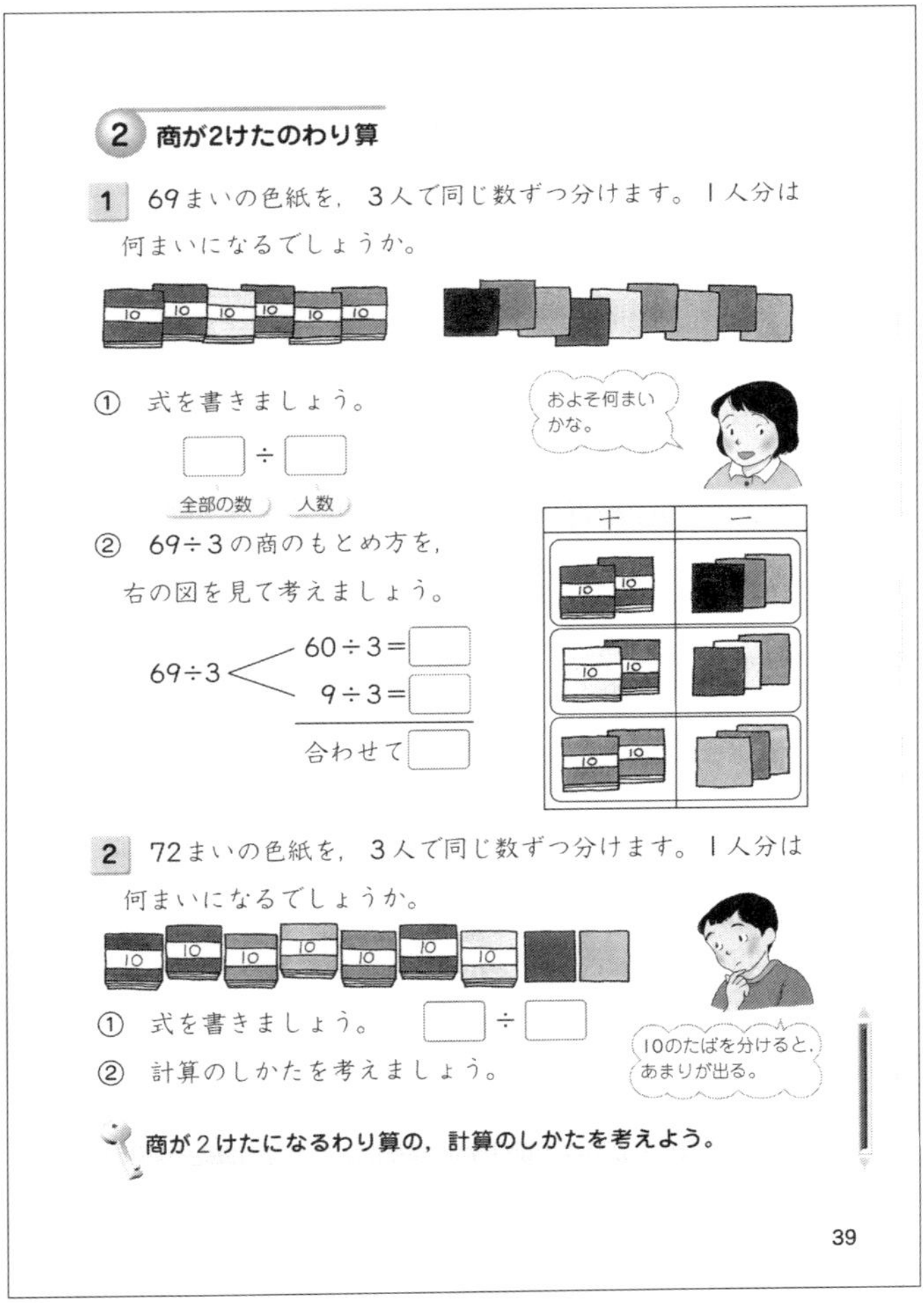

2 商が2けたのわり算

1　69まいの色紙を，３人で同じ数ずつ分けます。１人分は何まいになるでしょうか。

①　式を書きましょう。

□÷□

全部の数　人数

②　69÷3の商のもとめ方を，右の図を見て考えましょう。

69÷3 < 60÷3＝□ / 9÷3＝□

合わせて□

2　72まいの色紙を，３人で同じ数ずつ分けます。１人分は何まいになるでしょうか。

①　式を書きましょう。　□÷□

②　計算のしかたを考えましょう。

商が２けたになるわり算の，計算のしかたを考えよう。

39

図２・１　本時で扱う教科書の内容
（出典：学校図書の『みんなと学ぶ　小学校算数　４年上』
平成17年版39～41頁より転載。次頁も出典は同じ）

72÷3の筆算のしかた

十の位の計算

```
  2
3)72
```
7÷3=2あまり1
十の位に2を
たてる。
（たてる）

↓

3×2=6

```
  2
3)72
  6
```
10のたばで分けるのに使ったのが，6たばということ。
（かける）

↓

```
  2
3)72
  6
  1
```
7−6=1
あまりは，わる数より小さい。
（ひく）

↓

```
  2
3)72
  6
  12
```
一の位の2を
おろす。
（おろす）

一の位の計算

↓

```
  24
3)72
  6
  12
```
12÷3=4
一の位に4を
たてる。
（たてる）

↓

```
  24
3)72
  6
  12
  12
```
3×4=12
ばらで分けるのに使ったのが，12まいということ。
（かける）

↓

```
  24
3)72
  6
  12
  12
   0
```
12−12=0
（ひく）

3 下の男の子は，92÷4の筆算をしています。何をこまっているのでしょうか。正しく計算しましょう。

```
4)92
```

わり算の筆算では，大きい位からじゅんに計算します。

V 筆算でしましょう。

① 54÷2　② 68÷4
③ 34÷2　④ 84÷3

72÷3の考え方

(1)　10まいのたば7たばを3人で分けると，1人分は何たばで，あまりは何たばでしょうか。

たばを先に
分けると，
なぜいいの
かな。

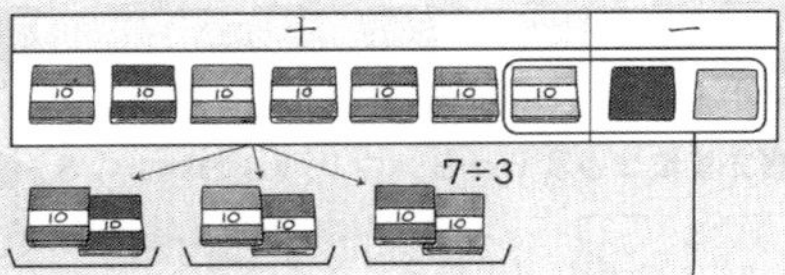
十
一
7÷3

(2)　あまりの1たばをくずして，ばらの2まいと合わせます。

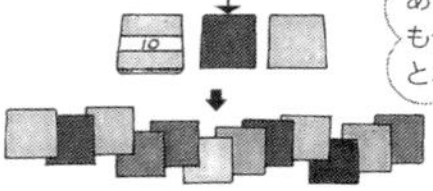

あまりのたば
も分けない
とね。

(3)　12まいを3人で分けます。

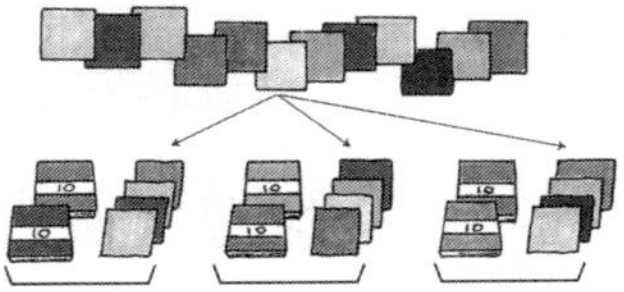

12÷3

(4)　1人分は何まいになるでしょうか。

10まいのたば…7÷3=2あまり1

ばら…12÷3=4

72÷3 ＜ 60÷3=□ ／ 12÷3=□

合わせて□

40

でしょう。

それに、ここで「束をくずす」というのに気づくことが、多くの子どもにとってやりがいのある課題かというと、私にはとてもそうは思えません。「貴重な時間をどこで使うのか」「どういう課題で考えさせたいか」を教師は考えなくてはなりません。筆算のしかたやその意味理解など、むずかしいこと、乗り越えさせたいことが、そのあとにこそたくさんあるはずです。

「教えて考えさせる授業」としての進め方

それでは、本時を「教えて考えさせる授業」のスタイルで進めるとどうなるのか。順を追って、具体的に説明していきましょう。

私が入ったのは標準クラスですから、中程度の学力の子どもたちが集まっているというのが前提です。ただし、中学力の子どもたちだとしても、これまでの復習も含めて、できるだけやさしいところから入って、流れの中で今回の未習事項である72÷3をていねいに教える。できればさらにその先も少しやっておきたい。まずは、こんなことを大まかに考えて、本時の目標を次のように立てました。

・具体物の操作を通して、２けた÷１けたのわり算の手順とその意味を理解する。
・具体物の操作とわり算の筆算を対応づけて説明することができる。
・商の立て方は、大きすぎても小さすぎてもまずいことを理解する。
・筆算は、大きい位からわっていくことを理解する。

１時間分の指導目標としては、盛りだくさんすぎると思われるかもしれません。しかし、基本的なことは「教える」かわりに、かなり深いところ、高いところまでいけるということを示すのが、「教えて考えさせる授業」のメリットでもあるので、少し欲張ってみました。

とはいえ、目標といっても一律に達成しなくてはいけないものではなく、少し余裕をもって考えています。最初の２つの目標は、教師から教えて理解確認をし、できればすべての子どもに習得してほしいこと、次の２つは、本時にすべての子どもが達成できなければ、次の時間も使うくらいの高度な目標としました。ひとまず、授業展開の概要は、次頁の表２・１をご覧ください。

表２・１　市川・竹之内クラスの指導略案

■目標　（本文を参照）

■授業展開

教える---

●硬貨の模型を使いながら、２けた÷１けたのわり算の仕方を説明する。（３人の子どもとの対話を通して教師が演示する。）

①６円を３人で同じずつ分けると…

式で書くと　６÷３

答え　２

確かめ　２×３＝６

②60円を３人で同じずつ分けると…

③69円を３人で同じずつ分けると…　←前時の学習内容

④72円を３人で同じずつ分けると…　←本時の学習内容

⑤74円を３人で同じずつ分けると…

●筆算で解くとどうなるか板書しながら教師から説明する。（筆算でやっていることとお金の分け方は同じことを確認する。）

考えさせる---

●教科書を使い、設問を埋めていく。教科書の図を使って、子どもどうしでわり算の筆算の仕方を説明し合ったり、教え合ったりさせる。【理解確認】

●筆算の間違いを探し、正しく計算する課題をプリントで行う。【理解深化】

①商が小さすぎ

②商が大きすぎ

③下の位から商を立てている

●ふり返りカードに、「よくわかったこと」「よくわからないこと」「おもしろかったこと」「おもしろくなかったこと」「そのほかの感想や意見」を書かせる。【自己評価】

---

2 「教える」段階の進め方

硬貨の模型を使って、対話的に教える

「教えて考えさせる」というときに、「教える」というのは教師から情報を与えることを指しています。その手段は言葉だけとは限りません。演じて見せたり、教材や教具を駆使してわかりやすく伝える工夫が必要です。また、特に低学年の場合には、日常的になじみのある具体物を使うことによって、とっかかりもよく、理解が促されることがよくあります。

この授業で、「わり算の余りを繰り下げる」というときに、教科書は色紙の束で説明してありますが、子どもにとって、計算に関する具体的操作をするときになじみがあってわかりやすいのは、色紙よりもお金だと思いました。お金を使うと計算のしかたや仕組みが理解しやすいのです。そこで、教材用に市販されている硬貨の模型を使うことにしました。

また、教えるといっても、私が一方的な説明をするのではなく、子どもと対話しながら

教えることにしました。「先生と一緒にやってくれる人はいますか？」と子どもたちに投げかけて、手があがった子の中から3人、竹之内先生に選んでもらいました。先生には、事前の打ち合わせで「わりと標準的な学力の子を指名してください」とお願いしてあります。あまり学力が高くて、自分で何もかも説明できてしまう子だったら、ほかの子が発言できなくなります。また、逆に学力の低い子があたって、あまりにもわからなくてそこで滞ってしまっても困るので、ごくふつうの子を選んでくださいと。

最初は、非常にやさしいところから始めます。「今日は、お近づきのしるしに、皆さんにお小遣いをあげましょう。ここに6円あります。これを君たち3人で同じずつ分けてください」といったふうです。「式はどうなるかな」と聞けば、子どもからは「6÷3」とすぐに出てきます。6÷3＝2ということで、答えもあっという間に出ます。復習もかねて、わり算が正しかったかどうか、つまり2×3が6になるかどうか確かめもします。図2・2のように、板書は竹之内先生にお任せして、私は子どもとやりとりしながら進めています。

流れの中で、本時のポイントを意識させる

「じゃあちょっとむずかしくなるよ」ということで、だんだん問題の難易度を上げていきます。「今度は60円を３人で分けたいんだけど」。60÷３ですが、金額が大きくなったので、今度は直接九九を使うことはできません。でも、まあこれも簡単です。要するに、10円玉で考えれば、「６枚÷３」で知っている問題に帰着されます。ただし、10円玉なので、ここの２枚は20円にあたることは確認します。「個数は１だが、価値としては10円分」というのが視覚的にも、経験的にもよく理解できるのが、教材としての硬貨のよいところなのでしょう。

図２・２　市川は子どもとやりとり、竹之内先生は板書

次は、「69円を3人で分ける」という課題です。これは教科書に出ている問題で、前時にやったばかりです。十の位と一の位に分けて、60÷3と9÷3という2つのわり算をし、最後に商を合わせて答えは23ということになります。「大きい位から順序よく計算していく」というポイントが加わっています。

そして、いよいよ本時の新しい学習課題である「72円を3人で分ける」という問題です。前の69÷3でやったように、上の位から順序よくということで、まず70円を3人で分けるのですが、1人20円ずつ分けたところで、10円玉が1枚余ってしまいます。「余ったら先生が持って帰っちゃうよ。この10円玉は持って帰っていいかな」と聞くと、1人の子が強く首を振ります。

「だめなの?」と聞くと、「余った10円玉を1円玉にかえればいい」というアイデアが、子どもからすぐ出てきました。「そうか。じゃあ、くずしてこようね」と言って、1円玉10枚を持ってきました。そして、くずした1円玉10枚と、残りの2円を合わせた12円を3人で分けると1人4円ずつ。これを十の位の20円と足して、20+4=24ということで答えが出ました。この「くずす」ということは本時のポイントですので、説明や板書で「ここは、大事なところだよ」と強調しました。

さらにおまけとして、時間があればやるつもりで用意していた「74円を３人で分ける」という問題もやってみました。これは、余りのあるわり算です。前の72÷３と同様に、まず70÷３＝20となります。ここで、余った10円玉１枚をくずして１円玉と足して14。これをまた３でわりますが、きれいにわり切れません。14÷３＝４余り２、１円玉はこれ以上くずせないので、これはそのまま余りにするということです。「この２円は、先生が持って帰るよ。いいかな」と言うと、子どものほうは、しぶしぶながらも首を縦に振りました。

筆算で書くとどうなるかの説明

「教える」の最後には、「ここまでに出てきたお金のわり算を筆算の式で書くとどうなるかな」ということで、言葉でも説明しながら筆算の式を板書していきます（図２・３）。出てきてくれていた３人も席に戻ります。ほんとうは、子どもにもそれを一緒にノートに書いてほしかったのですが、ていねいにやりすぎて時間が足りなくなりそうだったので、板書を見てもらいながら聞いてもらうだけにしました。

黒板には、まだお金の計算で竹之内先生が板書してくれたことが残っています。「こうして筆算で書いていることは、お金の分け方と同じことをしているね」ということに注意を促しました（図2・4）。ここまでで、既習事項の復習も入れながら、「十の位での余りは、くずして一の位の数と一緒にする」という新しい学習事項を、流れの中でかなりていねいに教えたことになります。

それでも、教師の説明を受けただけではわからない子がたくさんいるということが、「教えて考えさせる授業」の大前提です。そこで、授業の次の段階としては、そこまでの理解状態を子ども自身が確認する活動や、さ

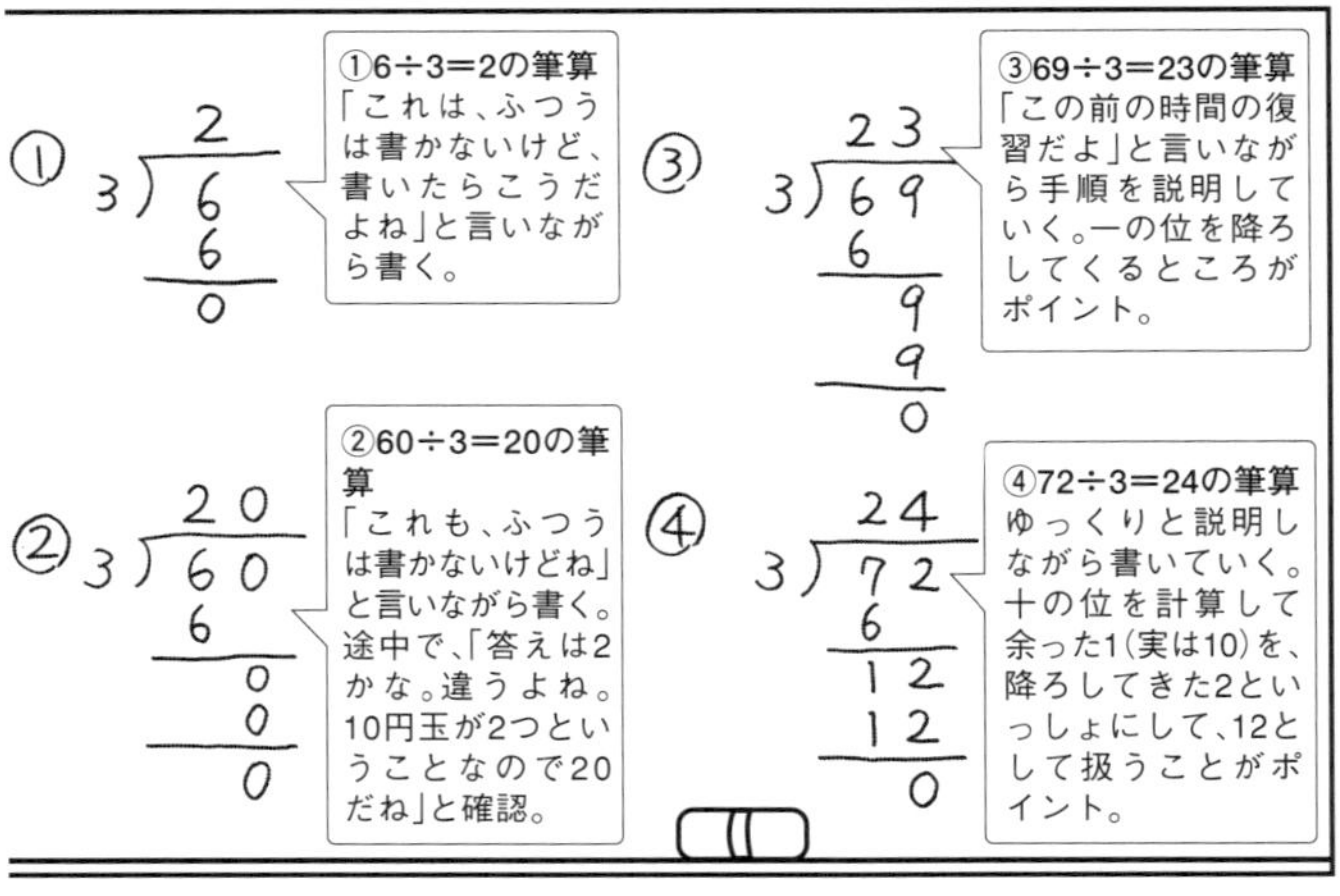

①6÷3＝2の筆算
「これは、ふつうは書かないけど、書いたらこうだよね」と言いながら書く。
②60÷3＝20の筆算
「これも、ふつうは書かないけどね」と言いながら書く。途中で、「答えは2かな。違うよね。10円玉が2つということなので20だね」と確認。
③69÷3＝23の筆算
「この前の時間の復習だよ」と言いながら手順を説明していく。一の位を降ろしてくるところがポイント。
④72÷3＝24の筆算
ゆっくりと説明しながら書いていく。十の位を計算して余った1(実は10)を、降ろしてきた2といっしょにして、12として扱うことがポイント。

図2・3　本時の板書内容（左頁も）

図２・４　筆算の説明

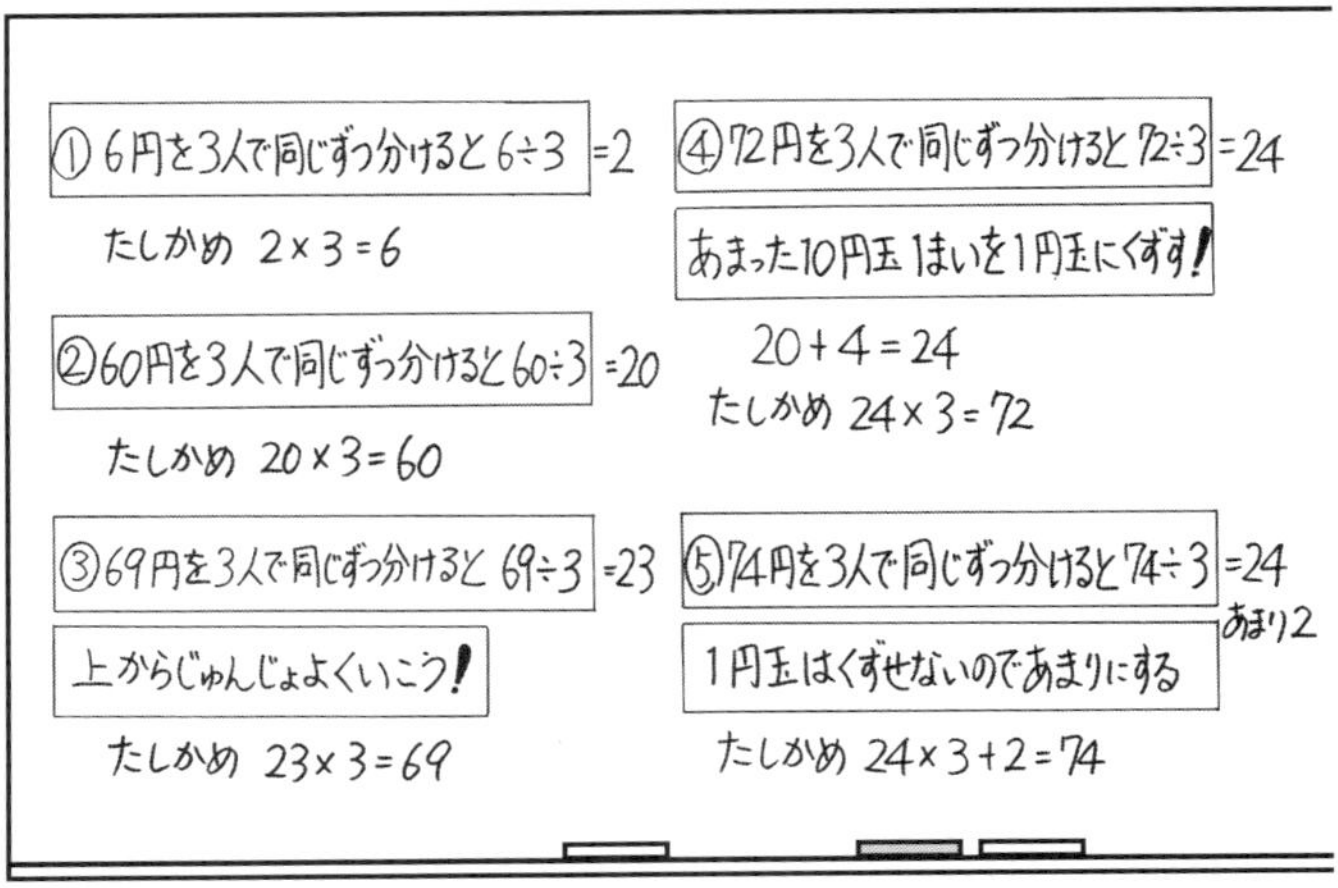
①6円を3人で同じずつ分けると 6÷3 =2
たしかめ 2×3=6
②60円を3人で同じずつ分けると 60÷3 =20
たしかめ 20×3=60
③69円を3人で同じずつ分けると 69÷3 =23
上からじゅんじょよくいこう!
たしかめ 23×3=69
④72円を3人で同じずつ分けると 72÷3 =24
あまった10円玉1まいを1円玉にくずす!
20+4=24
たしかめ 24×3=72
⑤74円を3人で同じずつ分けると 74÷3 =24
あまり2
1円玉はくずせないのであまりにする
たしかめ 24×3+2=74

らに理解を深めるための課題を入れていきます。

3 「考えさせる」段階の進め方

●理解確認――教科書の設問と図を使って

「教える」の段階ではずっと硬貨の模型を使ってきましたが、ここで教科書に切りかえます。「色紙の束でも、お金と同じだよね」ということで、まず、教科書の説明部分（39頁）をみんなでいっせいに音読しました。教科書は、ワークシートふうにところどころが空欄になっていますので、空欄を埋めさせます。また、よくわからないところには「ペタリン」を貼っておくように促します。ここで、3～4人の小グループに分かれ、39頁の教科書の説明でわからないところを教え合うように促しました。

さらに、教科書の次の見開き（教科書の40～41頁）には、72÷3の考え方が、色紙の分け方の図と筆算のプロセスを対応づけて、順を追って説明してあります。ここを使って、友達にわり算の筆算の手順を説明したり、教え合ったりする活動を入れました。このあたりの説明のしかたは、まず、私が実際に見本をやってみせて、「教科書の図を指さしながら、自分の説明と対応づける」というポイントを伝えました。

わかっているはずの説明の手順でも、自分で説明するとなるとけっこうむずかしいようです。説明活動が滞っているグループには手をあげてもらい、私と竹之内先生が指導に入ります。また、4人グループのところでは、グループ内でペアをつくり、できるだけ自分の言葉で説明する機会をもてるようにしました。

理解深化――「筆算の間違い」を探す問題

さらにわり算の筆算の理解を深めるために、プリントを私のほうで用意しました（図2・5）。わり算の筆算の間違いを探すというものです。

実は教科書には、92÷4の筆算で、十の位に1を立ててしまうという間違いが出ていたのです。1を立ててしまって、4×1で4を書いて、9ひく4で5になって、ここで「あれっ」と止まってしまった男の子のイラストが添えてあります。これをプリントでも使ってみることにしました。①の問題がそれです。この場合には、商が小さすぎたために、余りが大きくなって困っています。

そのほかに、②では、64÷4で2を立てて、ひけなくなって困ったというのを作りました。さらにもう1つ、③では、74÷3を、一の位から計算してしまって、4を3でわって1を立てて、ひき算すると1、ここで止まってしまうという問題も作りました。それぞれの計算で、どこがおかしいのかを書き込み、そして実際に正しく計算してみよう。これが、私が考えた本時の理解深化課題です。

まず2分間は、自分で考える時間をとりました。そのあとで、グループ内で発表し合ったり教え合ったりします。「やさしいかもしれない」と思っていたのですが、けっこうむ

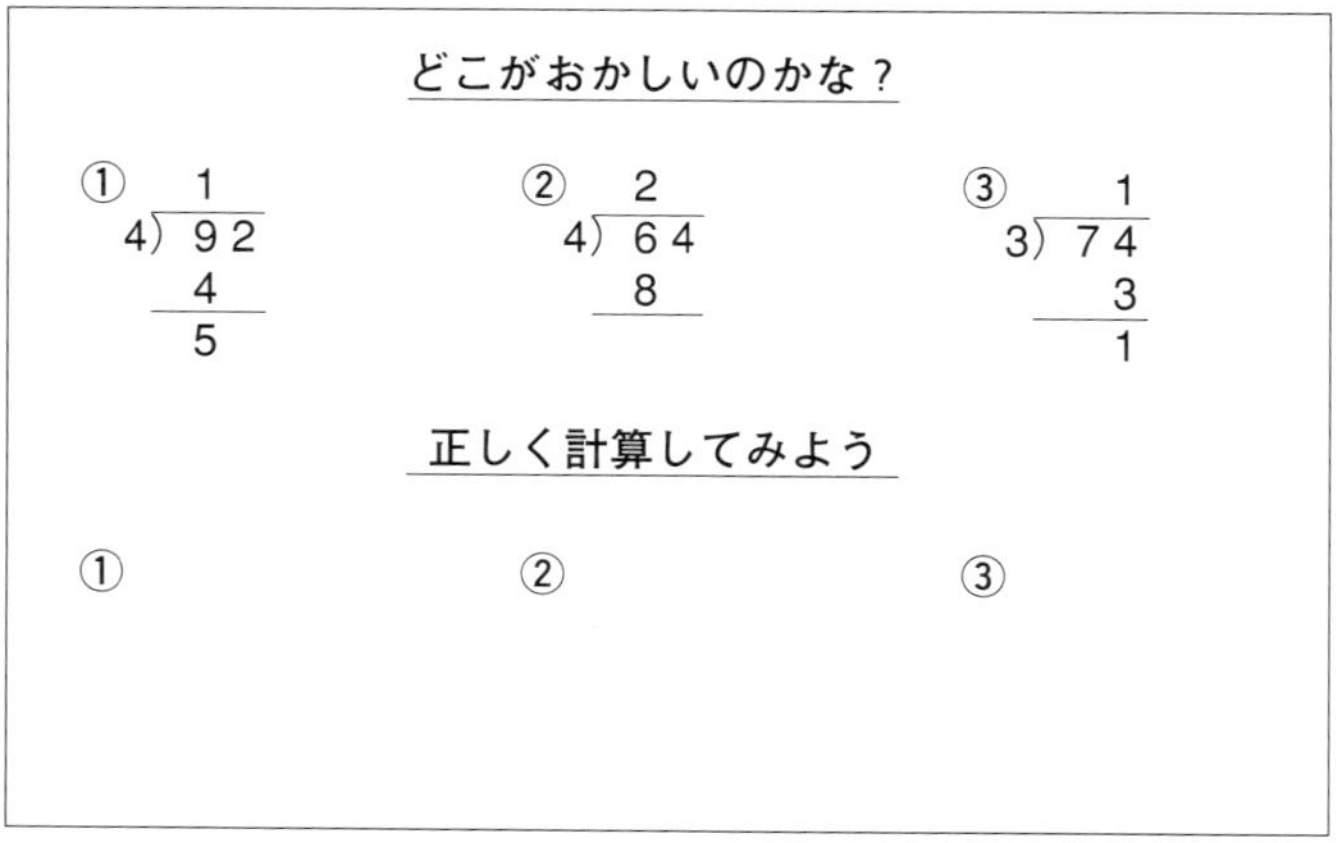

図2・5　筆算の間違いを探す問題（プリントの課題）

ずかしかったようです。子どもによっては、筆算の間違いを指摘してから解くよりは、先に自分で解いてみるという子もいました。どこが間違いかを指摘するというのは、子どもにとって意外とむずかしいようです。

特に、③の問題が何をやろうとしているのか、ぴんときていない子が多くいました。そこは教師が入っていって、「この1は、4÷3で1になったんだよね」といった具合に説明していきました（図2・6）。しだいに、わかって説明できる子も増えていきましたが、このあたりで時間がきてしまい、「わからないところにはペタリンを貼っておきましょう。次の時間に竹之内先生に見てもらいましょ

図2・6　グループに入っていって指導しているところ

う」ということにして、自己評価に入りました。

自己評価——「きょうのふりかえり」を記入

授業の最後には、プリントの右側にある「きょうのふりかえり」という頁に、「よくわかったこと」「よくわからないこと」「おもしろかったこと」「おもしろくなかったこと」「そのほか、感想や意見を何でも」という欄があるので、そこに書いてもらいます。子どもたちの声として、次頁に一部紹介しておきます。

総じて、教師から教えた部分はすごくよくわかったという感想が多く得られました。しかし、授業の途中でも、「これでもう、自分で筆算ができそうな人」というと、半数くらいの子が手をあげましたが、「じゃあ、やり方を説明できそうな人」と言うとほとんど手を下ろしてしまう場面があったように、説明はむずかしいと感じたようです。説明するという活動は、通常はほとんど行っていないそうです。また、理解深化の課題は少しむずかしすぎたようで、あとで集めたプリントを見ると、3問とも間違いを指摘できていた子は数人しかいませんでした。

よくわかったこと

- あまった10は１にくずして分けることができた。
- 72円を３人で分けると分けきれないから10円玉を１つばらにする。
- 74÷３などのあまりがあるわり算
- １円玉などを使ったからいつもよりもっとわかった。
- さいしょは十の位からはじめること。
- たてる→かける→ひく→の次に、また次はおろすというところがわかった。

よくわからないこと

- 筆算のじゅん番があまりわかりませんでした。
- 筆算のどこがおかしいか、①②③がわからなかった。
- （教科書の）絵で説明しずらかった。
- プリントの③の意味がよくわからない。

おもしろかったこと

- 前の黒板でお金のことをやっておもしろかった。
- さいしょの１円玉や10円玉はいつもやらないけど、今日はじめてやったのでおもしろかったです。
- お金で同じ数ずつ分けるところ。
- 72÷３であまりをくずすとはおもわなかったからおもしろかった。
- ひっ算のやりかたの順がわかった。
- いろいろな計算ができたこと。
- おかしい計算をさがすのがおもしろかった。

おもしろくなかったこと

- はっぴょうできなかったこと。
- ほとんどわからなかったところ。

そのほか、感想や意見を何でも

- いろんな人が来てきんちょうした。
- いろいろな先生が来ていて、すごくドキドキしたけど、いつものようにできたのでよかった。
- わかりやすかった。
- 新しいやりかたはわかりやすかった。
- わり算の筆算がいろいろわかってとてもおもしろかった。
- ひっさんがちょっとわかった。
- 今日はたくさん手をあげられた。
- 今度は､あまりの数があるわり算でも筆算はあるかどうか知りたい。

ただし、筆算のしかたは次時への発展ということでもあるし、ここで不完全燃焼という子が出ても、補足をする時間は十分あるでしょう。大事なのは、本時で押さえるべき基本的なところはちゃんとわかったという実感をもってもらうことと、さらに高いレベルの課題に意欲的に参加できたかどうかです。「おもしろくなかったこと」に何か書いてきたのは、前頁で紹介したこの2件だけでした。「筆算の間違いを探す問題」はたしかにむずかしかったものの、「おもしろかった」という感想も得られており、考えがいのある課題にはなっていたのではないかと思われます。

4 そのほかのクラスの授業紹介

本章の冒頭でふれたように、富士見小学校では、この日の研究公開で、習熟度別の4つのクラスに分けて「教えて考えさせる授業」を行いました。その中で私と竹之内先生の授業（標準Ⅱクラス）を詳しく紹介しましたが、ほかのクラスの授業も紹介しておきます。「教えて考えさせる授業」は習得型の学習指導のスタンダードとして提案しているものですが、けっして１つの授業の型にはめてしまうものではなく、さまざまな特色が出てくることがおわかりになると思います。

また、今回は、習熟度別のクラスのそれぞれで「教えて考えさせる授業」を行っていますが、「教えて考えさせる授業」は、けっして習熟度別を前提とした指導論ではありません。クラスの中にさまざまな学力の子どもが混在していても、理解確認や理解深化で協同学習を工夫して対応することを考えます。もちろん、習熟度別クラスで行うときには、それぞれのクラスに応じた説明や課題を用意して、効果的な授業をすることができるでしょう。今回は、そのような点も１つの見どころかもしれません。

鈴木クラス（発展）の授業――豊富な理解深化課題を用意

鈴木先生のクラスは、習熟度の高い子どもの「発展クラス」ということになっています。「教える」という部分では、72÷3という新しいタイプの問題に対して、「十の位で出た余りをくずす」という考え方を、筆算のしかたと結びつけながら教師が説明します。類題を出して、子どもどうしで説明させたり、自力で解いてみるということを通して理解確認をします。ここで一度、「十の位で余りが出たら、一の位の数と合わせてからわる」というまとめを行います。ここまでは、基礎基本を定着させるための、非常に堅実な展開になっています。

この先に、理解深化課題が3種類用意されており、おもしろく充実した課題です。間違いのある筆算を直す問題、虫食い（数字が空欄）になっている筆算の空欄部分の数字を推測する問題（図2・7）、さらにそれができた子どもには、「今日やったような、十の位で余りが出るようなわり算の筆算問題を作って、友達どうしで解き合おう」という高度な内容になっています。

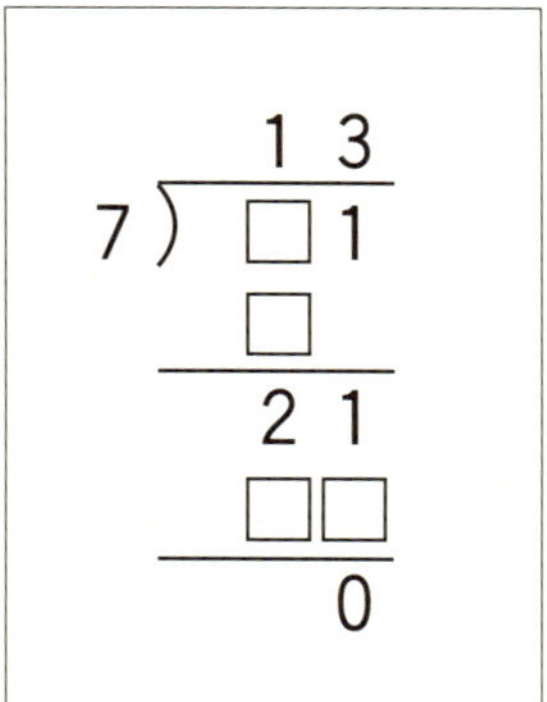

図2・7　空欄の数字を推測する問題

表2・2　鈴木クラスの指導略案

■目標

・２位数÷１位数で、十の位のわり算に余りが出たときには、余りを一の位の数と合わせてからわればよいことを、計算の手順に即して説明することができる。

・計算の仕方と結びつけて、筆算で計算する方法がわかる。

■展開

教える--

●本時の課題「72÷3」を確認し、十の位のわり算で余りが出たときの計算方法を、筆算の仕方と結びつけて説明する。（早く解決の見通しがたった子に説明させる）

考えさせる--

●筆算の仕方を、子どもどうしで説明し合わせる。【理解確認①】

72÷4　　90÷6

●適用問題を解かせる。【理解確認②】

84÷7　　65÷5

●まとめをする。（十の位で余りが出たときは、その余りを一の位の数と合わせてからわること）

●筆算の間違っているところを指摘したり、虫食いになっている筆算を完成する課題を与える。【理解深化①】

●子どもたちで問題を作り、友達どうし解かせる。【理解深化②】

●今日の学習をふり返って、「わかったことや、わかりにくかったこと」「先生や友達にもっと聞いてみたいこと」を書かせる。【自己評価】

上原クラス（標準Ⅰ）の授業――図式を使った計算手続きと意味理解

標準クラスは人数が多いため2つに分けており、上原先生のクラスがその1つです。もう1つのクラスが、私が竹之内先生とTT授業を担当したクラスになります。上原先生は、筆算まで入らずに、具体物や図式を使って、「十の位の余りをくずして、一の位のバラと合わせて計算する」ということを徹底して習得させようとしています。指導略案にあるこの図式は教科書で使われているもので、この図式を通して、くずすという方法に慣れさせ、その意味を獲得させたいという思いが見てとれます。

理解確認をていねいに行っているのも特徴です。類題の84÷7を行っているときに、「説明できそうな人は○」「自信がない人は△」などと書かせ、△を書いた子どもを中心に個別指導に入っていきます。理解深化課題は、問題を作るときに、「十の位をわって余りが出て、商が2けたになるには、被除数の十の位を除数の3より大きくしなくてはならない」ということに気づかせようというねらいです。問題を出す役、解く役、答えをチェックする役に分かれて3人のグループ学習をすることになっています。

表２・３　上原クラスの指導略案

■目標

２位数÷１位数の計算で、十の位のわり算にあまりが出たときには、余った十の束をくずして一のバラと合わせてからわればよいことを知り、説明活動や練習問題を通して計算の仕方を理解することができる。

■展開

教える--

●本時の課題「72÷3」を確認し、十の位のわり算であまりが出たときの計算方法を説明する。（絵図と式を使って説明）

①十の位と一の位に分けて、十の位から計算する

②十の位のあまりをくずして、一の位のバラと合わせる

十の位　　７÷３＝２あまり１

一の位　１２÷３＝４

合わせて　２４

③かけ算九九を使って計算する

考えさせる--

●84÷7の計算を、友達どうしで説明し合わせる。【理解確認①】

●適用問題75÷3を解かせる。【理解確認②】

●まとめをする。（十の位であまりが出たときは、余った十の束をくずして、一のバラと合わせてからわること）

●□÷3の□に、答えが2けたになるように問題を作り、友達どうしで解かせる。（３人組になり、問題を作る人、解く人、答えを確認する人の役割分担で）【理解深化】

●本時でわからなかったことや感想をふり返りカードに記入させる。【自己評価】

〈次時は今日の計算を筆算で解いていく〉

◉寺田クラス（定着）の授業――具体物操作を通した説明と理解確認

寺田先生は「定着クラス」を担当しています。ここでは、上原クラスと同様、まだ筆算には入らずに、「十の位をわった余りをくずす」ということの意味を徹底しようとしています。特徴としては、教師の説明においても、子どもどうしの説明活動においても実際の折り紙を使って、体験的に理解させようとしているところです。

例題の数はあまり増やさず、こうした具体物操作を行うことによって、「くずす」ことの必要性や、その行為、その結果が印象づけられます。理解深化も、余りの数が異なるくらいの類題を使って、「両方ともバラにくずす」ということに気づかせるという課題とし、ここでも、実際の色紙の操作と、それを使った説明活動を重視しています。

また、考えさせる課題の節目に「まとめ」を入れるのが、鈴木クラス、上原クラスでは1回ですが、寺田クラスでは2回入れています。これも、子どもの習熟度に配慮した点の1つといえるでしょう。

表２・４　寺田クラスの指導略案

■目標

具体物を操作しながら友達に説明することを通して、２位数÷１位数の計算で、十の位のわり算に余りが出たときには、十の位の余りをくずして一の位と足してからわればよいことが理解できる。

■展開

教える--

●色紙を操作しながら、２けた÷１けたのわり算で、十の位に余りが出る場合の計算の仕方を説明する。
「36枚の色紙を3人で同じずつ分けると…」
「72枚の色紙を3人で同じずつ分けると…」

考えさせる--

●72÷3の計算を、色紙を使って、友達どうしで説明させる。【理解確認】

●まとめ：どんな計算も、十の位のわり算で余りが出たときには、10の束をくずして一の位と足してからわること。

●51÷3の問題を、色紙を使って解かせる。（十の位の計算をすると10の束が2つ余るが、両方ともバラにくずせば解けることに気づかせる）【理解深化】

●まとめ：十の位のわり算で余りが出たときには、10の束をくずして一の位と足してからわること。

●本時でわかったこと、わからなかったことをふり返りカードに書かせる。【自己評価】
〈次時は今日の計算を筆算で解いていく〉

Q&A 「教えて考えさせる授業」の実際から

◆対話的なやりとりを見せることも、「教える」になる

……「教える」という場面で、子どもと対話しながら、というやり方があるとは思いませんでした。これは、「教える」といっても、けっこう子どもに考えさせながらやっているように見えるのですが。

市川　はい。「教える」というと、教師が一方的に解説を進めていくことだと思う人も多いでしょうからね。しかし、今回の授業のように、前に出てきた子どもと対話をしながら進めるのも「教える」に含まれるのだと思っています。まず、3人の子どもとは対話をしているわけですが、ほかの子どもたちにとっては、その場面を見ているだけですから、要するに情報を受け取って理解しようとする「受容学習」なんです。テレビの中でのやりとりを見ているようなものですよね。だから、クラス全体としてみれば、これは教師から教わっているところということになります。

それでは、この３人にとっては、どうでしょうか。もちろん、ある程度は考えてもらっています。しかし、基本的には、教師主導なんです。自力発見するまで、たっぷり時間をとろうとは、私は思っていません。投げかける質問は、できるだけやさしいことにしていますし、もしつかえてしまったら、すぐに私のほうから教えてあげるというつもりで話を進めています。

いちばんのポイントとなった、「10円玉を１円玉にくずす」というところも、もし、そのアイデアが出てこなかったら、すぐにクラスの誰かに聞くか、私のほうから「じゃあ、この10円玉を１円玉にかえてもらったらどうかな」と言うつもりでやっています。ですから、本格的な自力解決を求めているわけではないのです。今回、子どもがすぐに気がついてくれたので、自力発見させたようなかたちになっていますが。

◈復習内容のみを「教える」のでは「教えて考えさせる授業」といえない

……復習として、以前やったようなことも教え直しているわけですが、「教える」というのは、復習でもいいのですか。

市川　復習として、既習内容を教え直すことは、もちろんあります。私も今回入れていますよね。でも、「教えて考えさせる授業」の「教えて」の部分が、すべて復習に充てられてしまうと、これは「教えて考えさせる授業」とはいえないのです。「教えて考えさせる授業」の特徴というのは、これまで自力発見、協同解決を促していた未習事項のうち基本的なことをずばりと教えることにあるからです。

既習事項の「掘り起こし」という表現が使われることがありますが、掘り起こしを行って、「既習をもとに考えよう」というのは、「教えて考えさせる授業」の趣旨ではないということになります。もちろん、そういう授業が悪いと言っているのではありません。そういう場合もあるでしょう。しかし、これは、第3章で述べることとも関連しますが、「未習事項は既習をもとに自力発見させ、そうやって自力発見したことは既習として組み込む」という授業論は、私はうまくいかないと思っているんです。

少し、第3章を先取りして言えば、「未習事項を知っている子にとって魅力がない」「教わる部分がないと、深いレベル、高いレベルの学習ができない」「受容学習の大切さの認識や、受容学習をするためのスキルが身に付かない」ということになります。

今回の富士見小学校の４つの授業は、どれも、「十の位をわって余りが出た場合は、それをくずして一の位の数と合わせて計算する」ということを、教師のほうから教えています。また、筆算を扱ったクラスでは、筆算のしかたもずばりと教師から示しています。ここで「自分で考えてみよう」とは言っていないのです。そこは受容学習なんですが、理解確認、理解深化で、定着や問題解決をしっかりと行っています。これが、習得型の学習指導のスタンダードだということですね。

◆自分の「教えて考えさせる授業」の特徴

……ほかの３人の先生方の「教えて考えさせる授業」と比べて、市川先生の「教えて考えさせる授業」には、どのような特徴があると考えられますか。

市川　目標や内容が欲張りすぎですね（笑）。でも、欲張っているのは、ある程度意図的なんです。まず、「教えて考えさせる授業」というのがどういうものか知ってもらうためには、多少極端なモデル授業のほうがわかりやすいということがあります。また、そんなにたびたび同じ学校に来れるわけではないので、見てほしいところは十分出したいということもあります。

それに「教えて考えさせる授業」というのは、もともと欲張ったものなんです。基本的なことを定着させたい、と同時に、深いところ、高いところまで行きたい。それがなぜ可能かというと、基本的なことはずばりと教えているからですよね。そのうえでむずかしい課題を解く。そのメリハリが大切なのだと思います。

もう少し細かく見ると、6÷3なんていうやさしいところから始めているのは私だけでしたね。そこから、60÷3、69÷3、72÷3、74÷3まで一気にやってしまう。これは、いったい学習がどういうふうに流れていて、本時でやることはどういう位置づけなのかをよく知ってほしいからです。とっくにわかっているやさしい内容から始めて、どこがむずかしくなって、どういう考え方がつけ加わったのかをわかってほしいからです。

あと、教科書を使うことにこだわっているのも、私の特徴かもしれないですね。私は、教科書は子どものもっている共通のリソースとして、予習、授業、復習で活用するのがいいと思っています。自作プリントもけっこうですが、教科書よりよくできたプリントはそうないのです。「自作プリントを使うなら教科書を使ったあとで」ということで、今回の授業でもそうしてみました。「教科書を使う」というのは、「教科書べったり」とか「教科書どまり」とかの授業をすることではないんです。「教科書を活用して、教科書を超えていく」というのが、いい授業なのだと私は思っています。

◆ほかの教科での実例

……算数や数学については、かなりイメージがはっきりしたのですが、ほかの教科の授業については、いい実例がありますか。

市川　はい、すでに、「教えて考えさせる授業」は、小学校でも中学校でも、すべての教科で試みられています。どのように広がっているか、というのは第４章で述べますが、ここでは、「教えて考えさせる授業」とはどういうものかを理解するための「実例」ということですよね。

静岡県の研究指定校の「青島北中学校」では、１年生の技術家庭科で、「かんなの削り方」という授業を拝見しました。かんなの刃の出し方をうまく調整したり、削り方を工夫してうまく削るというはっきりした習得の目標があります。かたちとしては、典型的な

「教えて考えさせる授業」になりやすい授業です。

しかし、授業者の先生は、これまでは問題解決型でこの授業をやってきたとおっしゃっていました。かんなを生徒たちに渡して、自由に削らせてみる。いろいろと試行錯誤させる中で、どれくらい刃を出せばよいのかということに気づかせていくということでした。私の話を聞いて、「教えて考えさせる授業」のスタイルを取り入れてくださいました。

教科書を使って、刃の出し方を説明する。実際に先生が削り方の見本を見せる。このあたりは、まさに教師からの情報提示で「教える」という部分です。そこから小グループに分かれて、自分でやってみるのですが、もちろん、すぐにはできません。先生から教わったことをもとに、試行錯誤しながら身に付けていく。これが実技教科での「考えさせる」にあたる部分です。

「考える」というと、じっと頭をひねっている姿を想像するかもしれませんが、スポーツ、芸術などでの技能の習得は、頭を使いながら体の動きを体得しているわけで、これを考える活動として位置づけているわけです。体育では、「教えて、やらせる」といってもかまわないのですが、「やらせる」の中に、「考えながら」という要素が入っていることは強調したいのです。

……その授業では、かなりうまくいったのでしょうか。授業者の先生の感想や、ほかの先生からのご意見はいかがでしたか。

市川　授業者の先生は、「やはりこのほうが、早く身に付けられるし、考えてみれば、当然のような気がする」とおっしゃっていました。かんなでうまく削れるというのは、あくまでも１つの手段なのですから、そこで自力発見させるよりは、できるだけ効率よく、早く達成させたほうがいい。むしろその先の探究的な活動、技術家庭でいえば、自分のつくりたい木工作品をつくるというところにたっぷり時間をさければよいのではないかと私は思っています。

「教えて考えさせる授業」の趣旨は、かなり共有されたと思うのですが、それでも、授業後の協議会では、改善すべきポイントがいろいろ議論されました。たとえば、「教える」の場面で、刃の出し方についての説明が強調される一方、「削るときには腰を入れて一気に引く」というような削り方のコツについては、あまり教えられなかったのです。生徒の注意がそこに向かない程度の言い方だったんですね。

するど、グループに分かれて自分たちでもやってみようというときに、削り方が悪いと、せっかく刃の出し方はうまくできていても、うまく削れないわけです。それで、刃の出し方が悪いんだろうと思って一生懸命調節している女子生徒がいたんですが、「ちょっとそれ貸してごらん」といって、すうっと引いたら、うまくできるのです。削り方が悪かっただけなんです。

「教える」の場面で、何に着目させるか、どういう点を教えるか、ということがまだ甘かったと、授業者の先生も反省しておられました。削るときの姿勢とか力の入れ方とかですね。つまり、個人的に試行錯誤するときの視点、この場合なら刃の出し方と削り方ですが、これをきちっと教えないと、よい試行錯誤ができないのです。

それから、グループごとに分かれて削る場面で、グループ内でのやりとりがほとんどない点も指摘がありました。黙々とやっているグループが多いんですね。ですから、時間をとってグループ活動をやっているわりに、どうも、先生のようにシューっとすべるように削れるところまでいける子が多くありませんでした。

たとえばそこで、なぜうまくいかないのかを話し合えば、「そんな削り方じゃダメだよ」と教えてくれる子も出てくるわけです。「生徒たちのかかわらせ方がどうもうまくなかったんじゃないか」というようなことが、協議会でほかの先生方からも出されました。でも、それはこの先生の授業だけの問題ではなく、学校全体での日常的な授業のあり方の問題でもあるということですよね。

「教えて考えさせる授業」では、「何を教えるのか」「何を考えさせるのか」「その時間、あるいは単元全体としての目標をどこに置くのか」ということが常に問われることになります。考える時間をとって、自発的な活動、討論、発見などに時間をさけばよいという学習指導論とは一線を画しています。しかもそれは、この技術家庭の先生のおっしゃったように「きわめてオーソドックス」なかたちでありながら、工夫の余地がいたるところにあるものだろうと思います。

【第3章】

「教えて考えさせる授業」をどうつくるか

前章では、実際に行われた「教えて考えさせる授業」を紹介し、いったいどのような授業なのかというイメージを具体的につかんでもらいました。

本章では、この授業をするにあたって、ぜひ押さえておいてほしい「ポイント」や「こういう点は、それぞれの授業者が工夫して、多様性をもったものにしてほしい」という「バリエーション」をまとめます。

「教えて考えさせる授業」を実際につくっていくには、この授業では、どのような知識や技能を子どもに身に付けてほしいのか、という目標を明確にする必要があります。習得型の授業である以上、それは大前提です。

しかし、それは、授業方法、すなわち教材、説明、発問、課題、評価法などを通して具現化されるものです。授業方法の工夫しだいでは、当初考えていたよりも、はるかに高い目標を設定することができることもあります。めざすのは、子どもにとっても教師にとっても、やりがいのある授業です。

1 「教える」ときの注意と工夫

わかりやすい説明の工夫とは

「教えて考えさせる授業」というと、「教える」というのを、先生がまるで教科書を棒読みするように一方的に教え込むことと解釈されて、それを批判されてしまうということがしばしばあります。「教える」というのは、けっしてそのようなワンパターンの教え方を推奨しているのではありません。もっとていねいにわかりやすく教えるということなのですが、そう答えると、「ていねいにわかりやすく教えるというのはどういうことですか」と学校の先生から質問されたりします。私は、それこそ、学校の先生の本業だと思っていたのですが。

私から、教えるための工夫を研究授業などでいろいろ申し上げることもあります。しかし、そうした工夫がどうも自分ではうまく頭に浮かばないとか、実行できないと。これは若い先生に比較的多いような気がします。つまり1990年代、教師になりたてのころに、

「指導ではなく支援」「教え込みはよくない」と周りから言われすぎたので、教える手だてがあまりないのです。日本のベテランの先生は、もともといろいろな指導技術をもっていたはずです。民間教育団体でも、わかりやすく教えるための教材や指導法が蓄積されてきました。それが若い人たちにうまく継承されておらず、わかりやすくていねいに教える手だてをもっていないという深刻な現状があるようです。

まず、「教える」というのは、授業全体を含む広い意味で使われることもありますが、「教えて考えさせる授業」では、要するに「教師から情報を伝える」という比較的限定された意味で使っていることに注意してください。すなわち、「考える」段階で必要となる知識を、まず、先生から子どもたちに共通に与えるということです。ここでは、正しいことをただ正確に伝えればいいというのではなく、子どもたちが誤解していそうなことを取り上げ、「こんなふうな誤解をしている人がよくいるけれども、そうではないよ」とか、「ここのところはむずかしいポイントだからよく聞いてね」というふうに注意を喚起することも大切です。さらに、「具体物や映像を見せる」「いろいろな例をあげる」「比喩（たとえ）を使って説明する」などというのも、わかりやすい情報提示の工夫といえます。

いろいろなメディアも参考になります。たとえば、テレビ番組というのは、競合相手が多い中で少しでも多くの人に見てほしいわけですから、興味を引きつけるように、よく工夫されています。歴史の教養番組というのがよくありますが、映像とナレーションを組み合わせ、また情報もよく整理されており、視聴者が理解しやすいような工夫がなされています。再現ドラマ風にして人間的なエピソードを盛り込むことで、現代のわれわれが共感しやすいようにつくられているものもあります。

子どもに学校の歴史の授業とテレビの歴史番組とどっちがおもしろいか、どっちがわかりやすいかと尋ねたら、ふつうはやっぱりテレビのほうだと言うでしょう。それは、そこに工夫があるからで、そうした「情報提示の工夫」を授業にも取り入れたら、もっとわかりやすく、おもしろくなるはずです。ここはまさに、先生の腕の見せどころだと思います。

ところで、テレビやビデオは一方通行のメディアですが、授業は先生と子どもたちで同じ時間と場を共有する一種の「ライブ」です。先生が一方的にしゃべるだけではなく、「対話的に教える」ということができます。子どものほうに話を振ってみて、やりとりしながら進めていく。そのときにあまりいい反応が返ってこなければ、「どうもこの説明は通じなかったのかな」とかいうことが把握しやすいわけです。返事や表情など、子どもの反応から、子どもの理解度が推し測れるのです。これは、ある意味では、テレビより有利な点といえます。

●予習での「生わかり」が、授業での「本わかり」につながる

「教師から教わる」という部分を「授業の前に教科書などで下調べしてくる」とすれば、これがすなわち「予習」になります。学年が進むにつれて、学習内容がむずかしくなり、しかも量が増えてくると、いきなり授業に出てもわからない子どもがどんどん増えていきます。

予習というのも、子どもにとって「教わる」ことだと私は思っています。だれに教わるのかといえば、教科書の執筆者です。教科書の執筆者から、教科書という媒体を通して教わるのが「予習」にほかなりません。相手が学校の先生であっても、教科書の執筆者であっても、要するに、情報を理解して取り入れる「受容学習」を「教わる」と呼んでいるわけです。

誤解があるといけないのですが、「教えて考えさせる授業」では、必ず予習をもうけるわけではありませんし、予習で完全に理解してくることを前提に授業を進めるわけでもありません。大切なのは、予習段階で、「授業でどんなことをするのか」という概略をつかみ、ある程度の予備知識をもって授業で学習しやすい状態をつくり、さらには、「予習でわからなかった疑問点」をもって授業に臨んでほしいということです。

「生わかり状態」になってもらう、というのが予習の大きな目的であり、趣旨なのです。特に、学年が上がって内容がむずかしくなってくると、いきなり授業に出てもわからないことが多くなってきます。むずかしいことは、一度聞いただけでわかるものではありません。生わかりを経て本わかりにいたるというのが、むしろふつうの学びのプロセスです。

予習で生わかりになり、授業で、もう一度先生の説明を受けたり、課題を遂行したりして理解を深め、復習で定着をはかる、というのは、ごくあたりまえの学習のしかたのはずです。ところが、ただでさえむずかしい内容を、自力発見にゆだねたり、授業で扱えばわかるはずだとしてしまうことによって、授業でやっと生わかりになり、塾に行ってやっと本わかりするようになってしまうのです。これは、学校の先生にとっても、子どもたちにとっても不本意ではないでしょうか。予習―授業―復習という習得サイクル（13頁の図参照）のフェイズが後ろにずれてしまっているのです。

学年が上がるにつれて、ある程度の予習も課していくほうがいいと私は思っています。教科書を5分読んで、わからないところに付箋を貼ってくるだけでも、授業への臨み方や授業のわかり方は違ってくるでしょう。予習のしかたについてある程度指導したり、慣れないうちは、「予習タイム」(注1)をもうけるということも考えられます。5分の予習で50分の授業が充実したものになるということを、子どもにも先生にも実感してほしいと思っています。

●教科書を活用し、教科書を超えていく授業を

「教えて考えさせる授業」では、授業でも家庭学習でも、教科書を活用することを重視しています。教科書は、子どもたちが共通して使え、もっとも身近にあるリソースだからです。これを活用しないのは、もったいない話です。ところが、教科書を使うというと、「教科書べったりの授業ではないのか」「教科書をなぞっただけの授業ではないのか」など

と批判する向きがあります。

「教えて考えさせる授業」では、教科書を素材としながらも、さらに、ひととおり読んだだけでは子どもがわからないような点まで、ていねいに説明することが含まれています。その説明というのも、先生が言葉で解説することにとどまるものではありません。さらに、教科書を「ゴール」と考えるのではなく、教科書の内容を土台にしたうえで、さらに理解を深めたり、発展的な課題をすることも含まれているのです。

多くの研究授業を見ていると、「教科書を使って教える授業は、見栄えがよくない」というおかしな価値観があるようです。「よい教師は教科書など使わずに、自作のプリントや教材を使う」と公言する先生もいます。私はそうは思いません。よい先生は、教科書は使ったうえで、自作教材などを工夫して、より深い理解や高いレベルに子どもを導く教師だと思っています。

実は、教科書を使わずに、教科書を開けば出ていることを、「科学者の追体験」などと称してかたちのうえで発見させようとする授業こそ、私は「教科書どまりの授業」ではないかと思います。それは、知っている子にはつまらないし、一方では教科書レベルの知識すら身に付かない子どもを生み出すリスクを負っているのです。また、時間がなくなって、およそ応用・発展までいかなくなってしまいます。

子どもが教科書を予習で読んできて、「もう知っている」と言われると授業がやりにくいという気持ちは、よくわかります。しかし、教科書を読んだだけで、ほんとうに子どもたちがよくわかるのなら、授業などいらないはずです。教科書を読んでも、塾で少々教わっても、子どもはけっして十分理解しているわけではありません。それを自覚させ、乗り越えていくのが授業であり、それができるのが優れた教師ではないでしょうか。

これからの学校では、「教科書を先に読まれると困る」という授業ではなく、「教科書を活用し、教科書を超える授業」こそ展開してほしいものです。「教えて考えさせる授業」はまさにそういう授業です。

「わり算の導入」の改良版——ワン太君の行う等分除と包含除

「教える」という段階の具体例として、第1章で示した小学校3年生の「わり算の導入」における、教師からの説明の改良版を紹介しましょう。「わり算とは、かけ算の逆であり、全体量と分ける人数がわかっているときに１人分の個数を求める『等分除』と、全体量と１人当たりの個数がわかっているときに何人に分けられるかを求める『包含除』がある」ことは、すでに述べたとおりです。

　これを教えるときに、図３・１のようなアレー図を使うことを私は提案したことがあります。アレー図は、小学校2年生でかけ算を教えるときによく使われるのですが、なぜか、わり算を教えるときにあまり利用されていないのです。等分除と包含除の対称性を理解するにも非常に便利なツールのはずです。

　一方では、わり算の導入では、いきなり九九を使うのではなく、もっとも原初的なやり

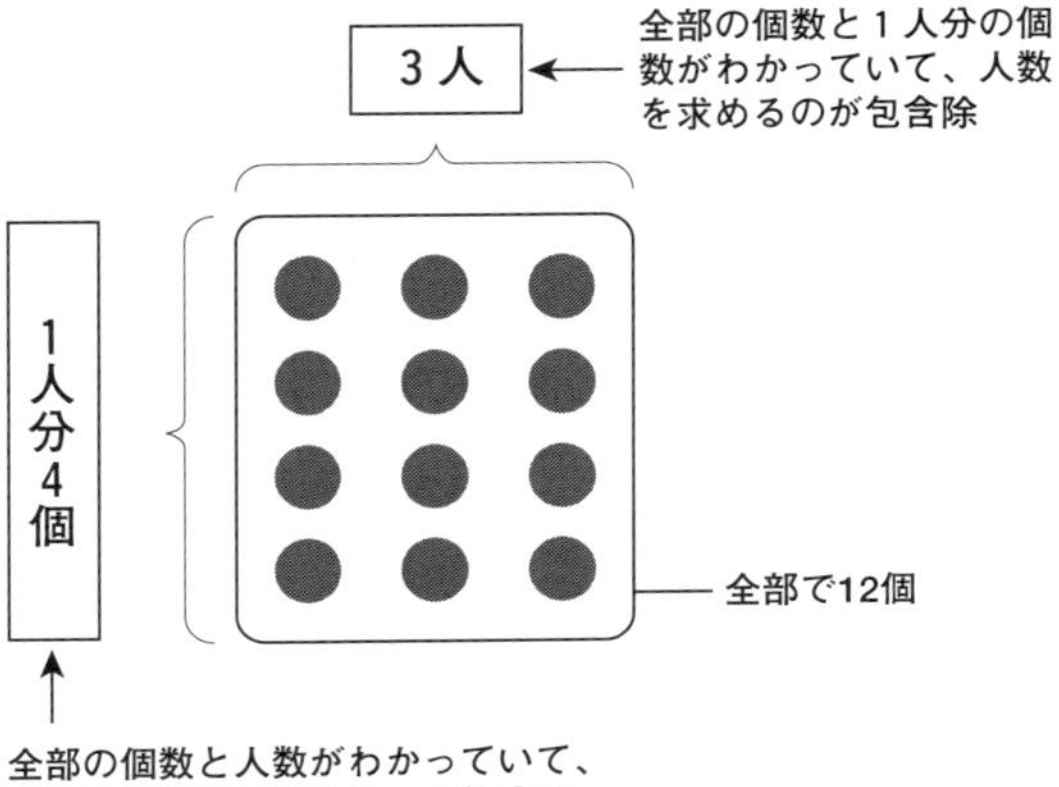
全部の個数と人数がわかっていて、１人分の個数を求めるのが等分除

図３・１　アレー図によるかけ算・わり算の理解

方として、1個ずつ配っていくというやり方が教科書でも説明されています。私が、大田区立入新井第一小学校で、「教えて考えさせる授業」を試みてくださるようお願いしたときに、これらを組み合わせて、「アレー図の中に、マグネットを1個ずつ置いていく」という指導方法を考案したのが、室伏正俊先生でした。

それをさらに脚色して、金沢市立犀川小学校で、私と山口由美子先生がTT授業を行ってみました。「12個のクッキーを3人で同じ数ずつ分けると1人分はいくつでしょう」という問題に対して、私の扮するワン太君は、「たし算もひき算もかけ算も知らない。数を数えることしかできないけど、答えを求められる」のです。そのやり方を、じっくり見てもらいます（図3・2A）。

「全部で12個あります」（手の中に持っている）

「1人に1個ずつ配ります」（横方向に置いていく）

「まだ残ってるので、もう1個ずつ配ります」

「まだ残ってるので、もう1個ずつ配ります」

「まだ残ってるので、もう1個ずつ配ります」

「ちょうどなくなったので、1人分は、1、2、3、4で、4個になります」

これがワン太君のやり方です。これを、小グループの中で、声に出しながら子ども自身にやってもらうのが理解確認課題になります。

包含除の場合には、「12個のクッキーを、1人4個ずつ配ると、何人に配れるでしょう」という問題になります。同じくアレー図を使って、今度は縦方向に置いていくことになります（図3・2B）。

「全部で12個あります」（手の中に持っている）

「最初の人に4個配ります」（縦方向に置いていく）

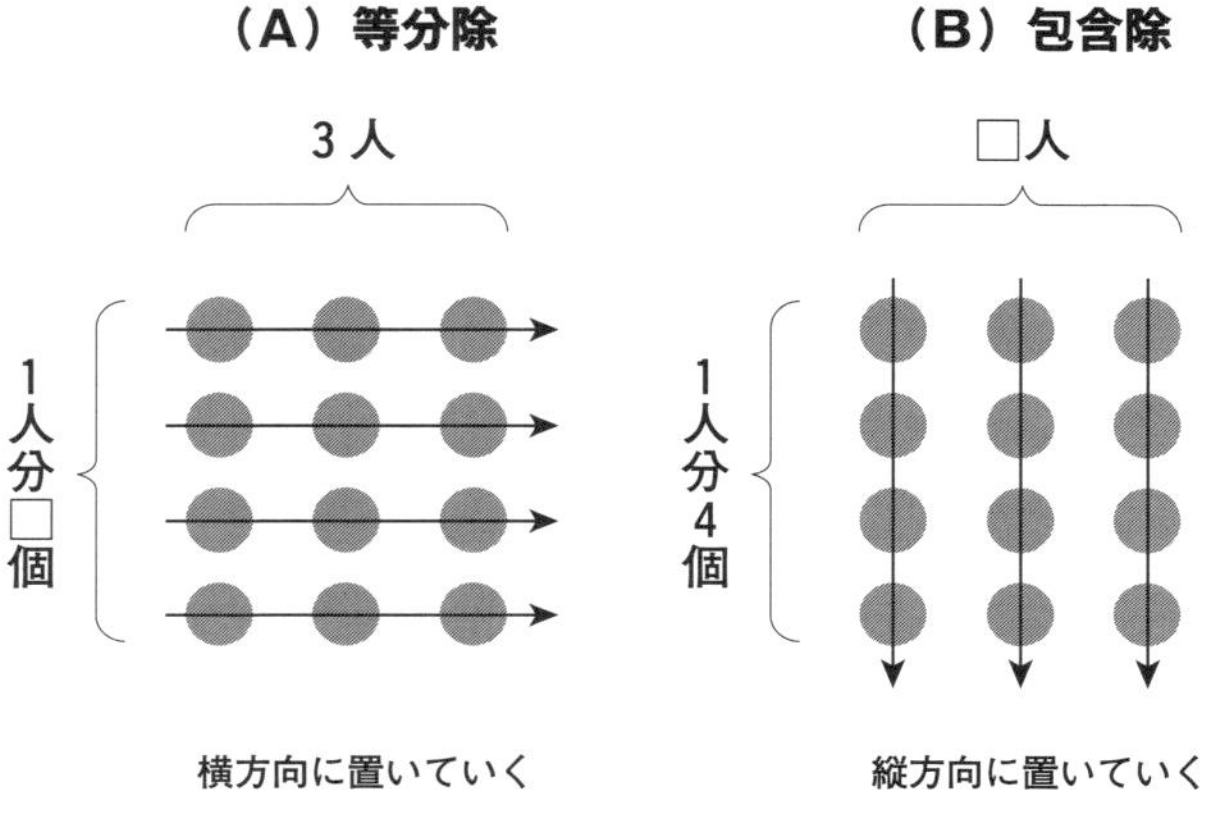

図3・2　ワン太君のわり算のやり方

「まだ残ってるので、次の人に４個配ります」

「まだ残ってるので、次の人に４個配ります」

「ちょうどなくなったので、１、２、３で、３人に配れました」

教師の演示を見て、自分でも具体的に操作してみることによって、等分除と包含除の違いを意識してもらうのがねらいです。特に小学生の場合、視覚、運動、発話という全体的な活動を通して理解させる必要があると考えられます。

そのうえで、「これは、ワン太君のやり方だったけれど、みんなは、ワン太君と違って、かけ算九九を知っているね。すると、１個ずつ配らなくても、答えが出せないだろうか」ともっていきます。つまり、図３・１のようなアレイ図で、全体の個数12個と人数３人（横の長さ）がわかっていれば、「３×□＝12」で１人分４個が求まります。また、全体の個数12個と１人分の個数４個がわかっていれば、「４×□＝12」で人数３人がわかります。ここは理解深化課題として考えさせる展開にもできるでしょう。

私の出張授業から――中学校数学「順列・組合せ」

中学校の数学の例として、私が２００６年度に金沢市立清泉中学校で行った中村健一先生とのＴＴ授業を紹介します。このとき、３年生の２月で、すでに中学校での履修内容はひととおり終わっていました。「教えて考えさせる授業」の研究授業として、何か未習のことを教えたい、ということで依頼を受け、詳しくは高校で教える「順列・組合せ」を扱うことにしました。

すべての場合を樹形図でもれなく重複なく数えるような学習は、中学校でもやっていますが、理論的に公式を導くことは高校の範囲です。このテーマを、あえてモデル授業として取り上げたわけです。ただし、一般的な公式を導くことがねらいなのではなく、公式のもとになっている考え方を理解し、具体的な問題に対して、その考え方を適用して解けるようになることをねらいとします。

前時までに、「順列」の問題が解けるように指導しておいていただくことを、あらかじめ中村先生にお願いしておきました。たとえば、「５人の柔道チームから３人の選手が出て試合をする。出る順序を区別すると何通りの出方があるだろうか」というような問題です。これを既習事項として、「出る順序を区別しないと、何通りになるだろうか」というのが「組合せ」の問題になります。

まず、「教える」の最初に予習タイム5分をもうけました。ここでは、私が作った組合せの求め方についての解説テキスト（図3・3）を生徒たちに読んでもらいます。テキストには、この柔道チームの問題を例にして、解き方の詳しい解説が書いてあります。テキストの解説は、高校の教科書にはだいたい出ているようなものです。しかし、中学生で（あるいは高校生でも）、「なるほど」とすぐわかる生徒は少ないでしょう。むしろ、ほとんどの生徒は生わかり状態にしかならない、ということを想定しています。

数学の先生にしてみると、「これを教えてしまったら、子どもは考えないじゃないか」「ここを考えさせるのが授業の醍醐味だ」とおっしゃるかも知れませんが、多くの生徒にとって、これを自力発見させるのはとても無理だろうと思います。読んでもわからない生徒が多いのです。その子たちに討論させても、友達の言っていることはおよそわからないだろうということを前提に、「これはもう読みましょう」ともっていきます。読んでわからなかったところには、付箋を貼っておくよう促します。

例題１：５人の柔道チームから３人の選手が出て試合をする。出る順序を区別しないと何通りの組合せがあるだろうか。

【解説】

出る順序を区別した場合は、順列の問題になる。これは、$5 \times 4 \times 3$（通り）である。この中で、たとえば、

abc　acb　bac　bca　cab　cba

というのは、出る順序を区別しない組合せの場合は、(abc）という１通りとみなされる。

何通りの順列が１つの組合せとなるかを考えてみよう。これは、１つの組合せから何通りの順列ができるかを考えてみればよい。(abc）という組合せからできる順列は、$3 \times 2 \times 1 = 6$である。すると、順列と組合せの数の比は６：１ということになる。したがって、組合せの総数は、

$$\frac{5 \times 4 \times 3}{3 \times 2 \times 1} = 10\text{通り}$$

ということになる。

図３・３　筆者が用意した「順列・組合せ」の解説テキスト

この解決方法のポイントは、「n個からr個をとる組合せの総数は、n個からr個とる順列をrの階乗（これは、r個のものを並べる順列の数になっている）で割れば得られる」ということです。そこで、私のほうから、テキストに書いてあることをアニメーションにしたパワーポイント・スライドを用意して、それを使いながら説明しました。テキストは静止画像なので、どうしてもわかりにくいものです。そこをアニメーションや口頭による説明で補って、少しでも生徒たちにわかってもらおうとしたものです（図3・4）。

テキストの読解、スライド、教師からの口頭説明によって、ようやく半分以上の生徒から付箋がとれてきます。そこで、3～4人の小グループの中で、説明活動や教え合いをしたり、数字を少し変えただけの類題を出したりして、さらに理解確認をはかっていくことになります。理解深化課題として、「n個からr個とる組合せの数は、n個からn－r個とる組合せの数と等しい（たとえば、8人から6人とる組合せは、8人から2人とる組合せの数と等しい）」ということを発見的に考えさせていくことをねらいました。これらが、「考えさせる」という段階になります。

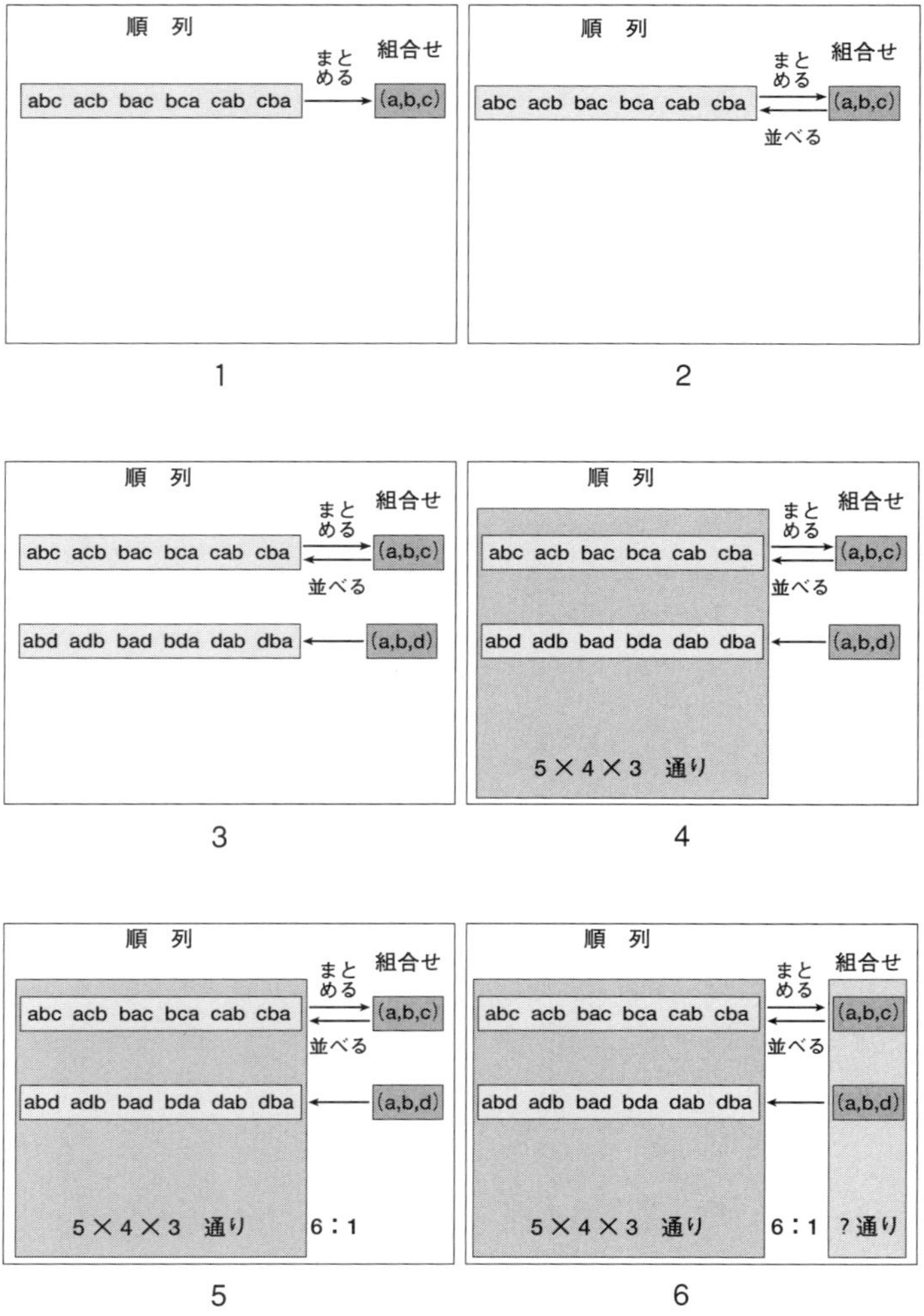

図 3・4　組合せの説明のために用意したスライド

2 「考えさせる」課題の設定

あらためて、「考えさせる」の3ステップ

これまで再三ふれてきたように、「教えて考えさせる授業」は、教科書を読んだだけとか、教師の説明を受けただけでは、わからない子がたくさんいるということを大前提にしています。そこでさらに、考えさせる課題を通じて、理解を確実なものにしていくことをねらいます。ここでいう考えさせる課題とは、「問題を解く」ということだけに限らないことに注意する必要があります。自分の理解状態を診断したり、人に説明したりする活動も、考えないとできないことなのです。

まず、第1ステップの考えさせる課題が、理解確認課題でした。ここで、教科書やノートでわからないところに付箋（ペタリン）を貼るというやり方を紹介しました。「どこがわからないかわからない」「自分がわかっているのかどうかわからない」という子どもも少なくないでしょう。そこで、「人に説明できるかどうか」を1つの目安にさせます。塾

で先取り学習している子でも、先生の説明を聞いてよくわかったという子も、自分で説明させてみると、実はよくわかっていないことが自覚されるはずです。わかった気になっているだけのことが多いのです。

ここでは、小グループやペアに分かれての説明活動や教え合い活動を促したいものです。教師も、わからないという子どもには積極的に教えていきます。付箋は、遠くからでも目立ちますから、どの子どもがわからないところがあるのか、下線や書き込みよりも見つけやすいという長所があります。金沢市立清泉中学校の数学の授業では、色を塗り分けた紙コップを使って、自分の理解状態を示すというやり方をとっています。草加市立八幡小学校では、黒板に書かれた5つの段階に子どもが自分で名札を貼ることで理解度の自己評定をしています。

次に、「考えさせる」の第2ステップとして、教えられた知識を活用しての問題解決があります。ここでもやはり小グループによる協同を重視し、子どもたちの参加意識を高めながら、さらに理解を深めることをめざしたいものです。ここにどんな課題を用意するかが、「教えて考えさせる授業」の1つのヤマになります。これについては項を改めて詳しく説明しましょう。

最後に、「考えさせる」の第3ステップとして、子どもたちに「自己評価活動」をさせます。いわゆる「振り返り」になりますが、単なる感想や、「どれくらいがんばったか」の段階評定ではありません。自己評価活動でこちらがねらっているのは、「自分がわかったことは何なのか」「まだよくわからないことは何なのか」を表現してみることを通して、自分の理解状態を自己診断できるような「メタ認知」の力を身に付けてほしいということなのです。

具体的に、私がよく行うのは、授業の最後に、次のようなことを子どもたちに書かせることです。

・今日の授業の中でおもしろかったこと、つまらなかったことは何か
・今日の授業でよくわかったこと、まだよくわからないことは何か

もちろん、慣れないうちは、子どもたちはなかなかうまく書けません。そこである程度、

書き方の見本を紹介するということも必要になってきます。子どもたちが書いたものを先生が集めたうえで、「○○君がこんなことを書いているよ」「これなら、あとから見直したときにも、なるほどこういうことがわかったんだということが思い出せて役に立つね」と紹介します。あるいは、子どもが書いたものに対して、こうすればもっとよい自己評価になるというポイントを、先生が少し赤を入れてあげるのも効果的でしょう。そうしたことの積み重ねで、よい自己評価、すなわち自分にとって役に立つ自己評価がだんだんとできるようになっていくのだと思います。

金沢市立犀川小学校の算数の授業では、１年生のときから、授業でわかったことのまとめを書いていました。先生が見本として「まとめ」を書くことももちろんありますが、自分でまとめを書く時間もときおりとるのです。いっせいに書いている様子を見ると、かなり習慣になっているようです。一方、高校では、「教えて考えさせる授業」の研究指定校になった静岡県立藤枝東高校の物理の授業で、「質問カード」というかたちでわからないことを書き出すという活動がありました。先生がすべて目を通して対応するのは、かなり負担にもなったといいますが、双方向的な理解確認や生徒・教師間コミュニケーションとしては、高校での貴重な実践といえるでしょう。

●理解深化課題として何を用意するか(1)――子どもが誤解しがちな問題

さて、「考えさせる」段階での急所は、理解深化の問題解決活動です。ここの課題設定のよしあしが、授業の成否を左右します。とはいえ、あまり構えて考える必要はないのです。第1章でもふれたように、教科書の練習問題でも使えるものはたくさんあります。大切なのは、それが「子どもにとって考えがいのある課題かどうか」ということです。あまりむずかしすぎると結局、先生に教えてもらった、友達に教えてもらったということになってしまうし、逆にあまりにもやさしすぎると、すぐにわかってしまって、考えがいがないということになります。

理解深化の問題として最も適切なのは、子どもがいかにも誤解しそうなことを先生が課題として用意し、このときどうなると思うか、子どもたちに考え方をいろいろ出してもらったうえで討論する、ということではないかと思います。正しいことをひととおり教えても、多くの子どもはこんな誤解をしがちであるということは、先生なら経験的にある程度知っているのではないでしょうか。認知心理学の誤概念研究でも、理科の力と運動とか、電流などで、人間が誤解しがちな現象がたくさんあげられています。理科の「仮説実験授業(注2)」では、豊富な例題が蓄積されていますので、いろいろな課題が用意できると思います。

算数の簡単な例をあげると、体積の測り方として、「１辺の長さが１cmの立方体いくつ分になるか」ということを教えたとします。それによって、直方体の体積が「縦×横×高さ」で求まることを子どもが理解し、説明することもできるでしょう。しかし、ここで、「表面積によって、体積を比較してもよいか」とか、「縦と横と高さの長さの和で体積を比較してもよいか」となると、これは、小学生にとってかなり考えがいのある課題となります。実際に、体積と表面積を混同している子どもが少なくありません。

こうした誤解が無理もないのは、体積と表面積（あるいは、縦と横と高さの和）は、ある条件のもとでは、単調増加（一方が増えれば、もう一方も必ず連動して増える）という関係にあるからです。それは、直方体を相似にして大きさを変化させた場合です。ある特殊な条件のもとでのみ成り立つことを、つい一般的にも正しいと思い込んでしまうのは、人間の誤概念が生まれる認知的なメカニズムともいえます。子どもたちが、実測したり、理論的に考えたり、討論したりして、自らの誤解を修正していくような学習ができれば、理解深化として、非常に意義ある活動になるでしょう。

理科では、浮力を例にとりましょう。「その物体の押しのけた液体の重さ分だけ浮力がかかる」という「アルキメデスの原理」を習ったとします。これがわかったつもりになっていても、「では、直径5cmのボールを10cmの深さに沈めた場合と、50cmの深さに沈めた場合とで、浮力はどちらが大きいでしょう」という問題で、子どもたちはどう答えるでしょうか。感覚としては、50cmの深さ、つまり深いところに沈めたほうが浮力が大きくなると思う子どもはたくさんいるでしょう。ここで討論させてみると、きっといろいろな意見が出るはずです。でも最初に習った原理に照らしてみれば、深くても浮力は同じです。

これは、実験で明らかにできますが、理論的に考えてもやはりそうなります。しかし、誤った判断をしてしまうということは、どこか腑に落ちていないからです。その意味では、法則を言葉だけで正しく言えても、十分には理解していないことになります。これも、誤概念が生じるには、それなりの理由があります。ボールがまだ全部浸かっていないときには、深く沈めれば沈めるほど浮力は大きくなります。全部浸かってしまったら、あとは浮力は同じなのですが、浸かるまでは深く沈めるほど力がいるので、その感覚があって、それの延長で考えてしまうのではないかと思われます。

原理的に、「浮力ってそもそも何だろう」「なぜ浮力がかかるのだろう」というような学習にまで進めば、理解はいっそう深まります。浮力というのは、上からかかる水圧と下からかかる水圧の差として生じるわけです。水圧は、浅いところでは上からも下からも小さく、深いところだと上からも下からも大きい。つまり、その差というのは、物体が同じである以上、浅いところでも深いところでも結局同じだということで説明できます（図３・５）。このように、子どもが誤解しやすい問題に対して、その誤解の生じる原因と、理論的な理解とを教師自身深めておくことが、わかる授業を展開するための重要な要件といえるの

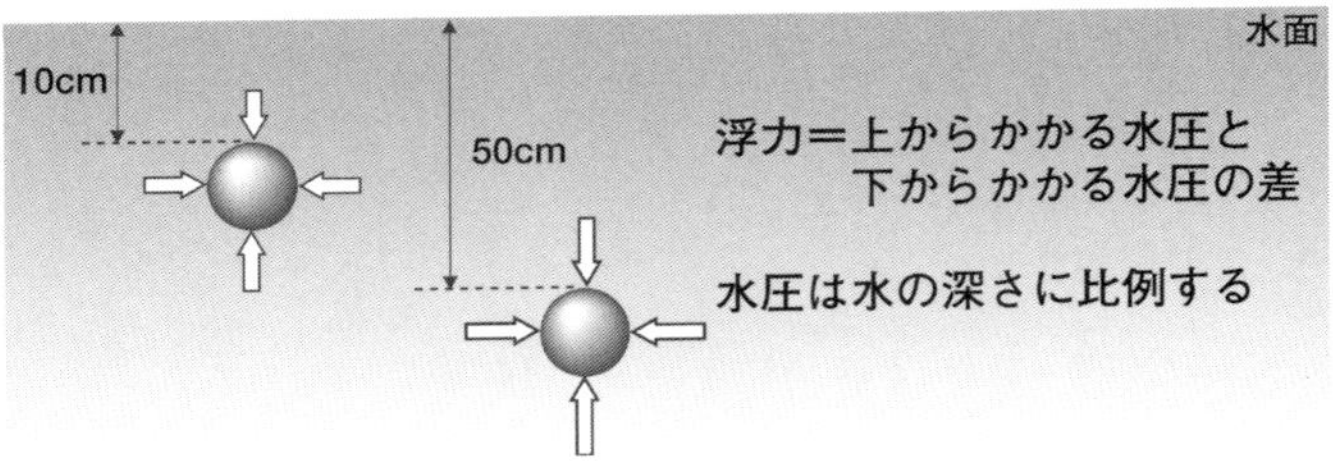

図３・５　浅いところと深いところにある物体にかかる浮力

ではないでしょうか。

●理解深化課題として何を用意するか(2)――習ったことを応用・発展させる問題

もう1つの授業展開として、それまでの時間で習ってすでに知っていること（いわゆる既習内容）や、この時間に先生から習ったことを使って発展的な課題を考えるというようなことが考えられます。これは、深化課題というより、活用・応用・発展のための課題というほうが適当かもしれません。ただし、自分が習ったことが、どのような意義があるのかを知るという意味では、理解を深めることになっているともいえます。

金沢市立犀川小学校の理科の授業で「てこのつりあい」がありました。通常なら、「支点からの距離と重さの積が左右で等しければつりあう」ということを、実験を通じて自力発見するという授業展開になるところです。しかし実際には、知っている子やすぐにわかってしまう子も多いでしょうし、これを1時間の目標としたのでは魅力的な授業になりそうもありません。教科書を開ければ、すぐに書いてある事柄でもあります。「教えて考えさせる授業」の方針では、こうしたことは「教えてしまう」ということになるのですが、すると、「その先、何を考えさせるのか」ということになります。

そこで、指導案検討で出てきたのは、「複数のおもりをつけてつりあうときの条件を見いだす」という課題でした。実際の授業のときには、左右に１個ずつの場合に「支点からの距離×重さ」が等しければつりあうことをひとまず確認したあと、複数のおもりをつけた場合につりあう条件を、グループごとに仮説を立てて検証していきます。授業の終わるころには、多くのグループで、「おもりごとに『支点からの距離×重さ』を出して、その合計が左右で同じになればつりあう」というルールの発見にいたっていました。おもりをすずなりにして喜んでいる子どもの姿が印象的でした。

ここでは、習ったことに加えて、プラスアルファとして、自分でも何かアイデアを出して、ある程度がんばったら解決できたというぐらいの難易度の問題が求められます。教師の経験がものをいうところだと思います。ただし、どれくらいが適度かというのは、やってみないとなかなかわからないものです。このように、事前に見きわめがむずかしい場合には、簡単なものからむずかしいものまで、いくつかの課題を用意しておけばよいのです。

草加市立八幡小学校で、ＴＴ授業として４年算数「複合図形の面積」を扱ったことがあります。少し複雑な図形を分割したり補ったりすることによって、既習の正方形や長方形に帰着して考える、というような学習内容です。教科書に出ている例題については、予習で考えてくることを求め、授業の最初に確認しました（図３・６A）。これを考えさせて１時間使うという授業展開もしばしばあるようですが、それはあまりにも退屈な課題なので、予習と説明ですませます。次に、理解深化課題ということになるのですが、私はふだんその子どもたちを見ているわけではありませんから、このときには難易度の違う２つの課題を用意しておきました。

１つは教科書に載っていた応用問題です（図３・６B）。ただし、これをただ解くだけではなく、いろいろな解き方を小グループで考え、自分たちの考えた中か

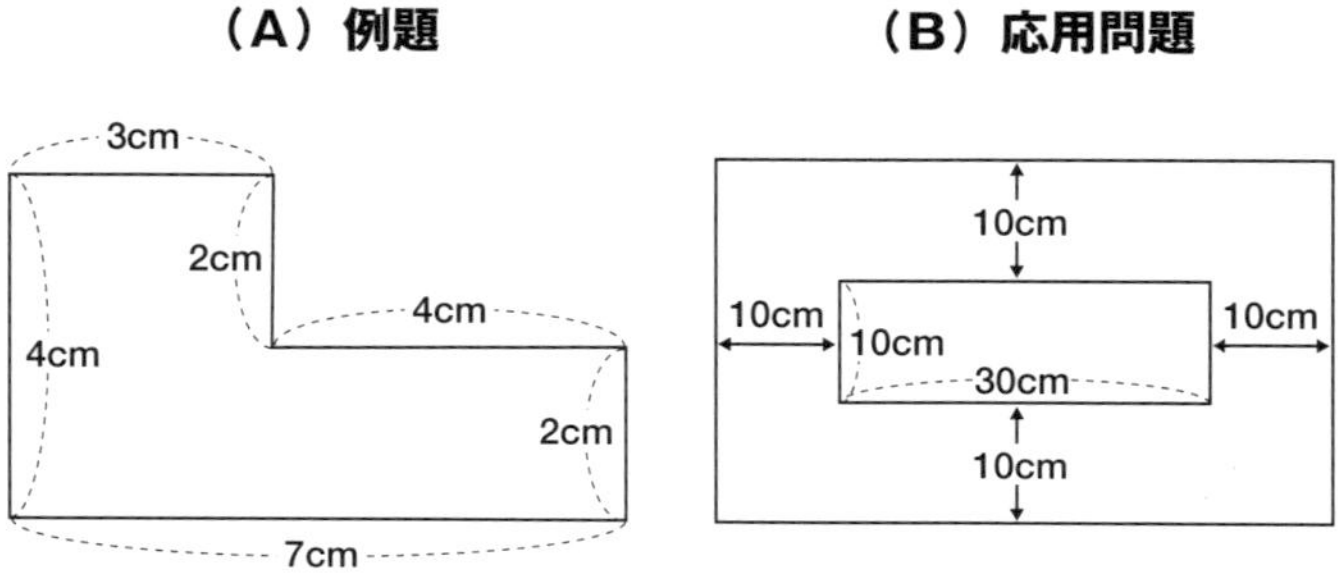

図３・６　複合図形の面積を求める
（東京書籍『新編 新しい算数 平成17年度版 小4下』P.58より）

ら「はかせ君」の方法（はやい、簡単、正確）と、「まめお君」の方法（間違いやすい、面倒くさい、遅い）を選ぶということをしました。このように、教科書の問題を使っても、そこにちょっとした工夫を加えることで、おもしろい理解深化の課題になります。もう1つ用意したさらに発展的な課題は、自分たちでも何か新しい複合図形の問題を作り、それに対するはかせ君とまめお君の方法を発表するという課題です。

実際の授業では、まず図3・6Bの課題で大いに盛り上がりました。全体から部分を引くのがいちばんスマートだというのは、大人には見え見えですが、あるグループではかせ君の方法が、別のグループではまめお君の方法だったりもしました。もしここであまり解法のバリエーションが出ずに、速く進んでしまうようなら、2つ目の課題に移るつもりだったのですが、この授業時間の中では出番がなく、宿題にして次の時間で発表し合うことにしました。これもまた多様なアイデアが出ましたが、図3・6Bの課題も子どもたちにとって、それなりにやりがいのあるものだったと考えてよいのではないでしょうか。

理解深化課題として何を用意するか(3)——試行錯誤による技能の習得

ここまで、算数・数学や理科における概念的な理解をめざすような課題をあげてきました。しかし、「教えて考えさせる授業」は、けっして概念的知識の獲得のためだけの授業論ではありません。むしろ、最も適用しやすいのは、体育、音楽、図工・美術、技術家庭などの実技教科における技能の習得ではないかと私は思っています。

わかりやすい例として、体育をあげると、スポーツの練習で何かの基礎技能を習得する学習をするとします。たとえば、テニスのサーブの練習です。するとまず、インストラクターは言葉を使い、実演もしながら教えます。教えたことがほんとうに伝わったかどうか、素振りをさせて、注意したりします。これが理解確認です。ところが、それですぐにうまくサーブが打てるかというと、とてもそういうわけにはいきません。教わったことを頭に入れながら、自分でやってみて、「なぜうまくいかないのか」「どうすればうまくいくのか」という試行錯誤を繰り返しながら、身に付けていきます。ここが、まさに理解深化にあたる部分です。

音楽であれば、たて笛の吹き方、声の出し方、……。図工・美術であれば、絵の具での効果の出し方、構図のとり方、……。技術家庭であれば、工具の使い方、料理の味つけ、……。いろいろな技能を習得するときの鉄則ともいえる基本は、先生から教わったことを理解し、それを自分でうまくできるように「考えながら身に付けていく」ということでしょう。しかし、こうした伝統的で、当然ともいえる指導方法も、「自力発見」を重視する教育の中では、かなり崩されてしまった時期があったようです。

「教えて考えさせる授業」の体育バージョンということで、郡山市立湖南小学校では、4年生のマット運動を見学する機会がありました。開脚前転をするときのポイントとして、教師から「体の起こし方」「脚の開き方」などを初めに教示しますし、演示もします。こうした教示や演示をしっかりすることは、小学校の体育で必ずしも一般的ではないそうです。その後、マットを並行にいくつか置いて、自分の目標とするレベルに応じた練習に入ります。先生も、とても全員を見て回ることができないので、私も口をはさんだりしました。私の言ったことは、「ただ何となく」やっていると思われる子に、「先生が書いてくれたポイントは、何だったかな。忘れたら、見に行って、それを考えながら練習しようね」ということです。友達どうしのアドバイスも奨励しますが、そのときの視点になるのは先生が教えてくれたポイントです。

「教わっただけではうまくできない技能を、考えながら身に付けていく」という学習は、国語や英語の中でも数多くあります。国語では、発表のしかた、作文の書き方などが好例です。注意すべきポイントを教師からしっかりと教示したうえで、練習を重ねていくことになります。英語では、文法事項や、さまざまな表現を習ったとしても、「頭の中でわかった状態」であって、なかなかスムーズに使えるようにはなりません。それを練習して流ちょうなコミュニケーションができるようになっていくわけですから、これはスポーツの練習に非常によく似ているともいえます。

「教えて考えさせる授業」における問題解決とは

さて、「問題解決」というのは、この20年ほどの教育界のキーワードといってもよいと思います。何と比較して使われるかというと、いわゆる「知識注入」の教育、「知識再生」の学習に対してです。外から知識を与えられてそれを覚えるような学習ではいけないということなのでしょう。問題解決とは、自分の頭で考え、自分で解決したり判断したりするということを指します。

私の考え方は、すでに本書の第１章で述べました。問題解決学習が大切であることに、まったく異論はありません。ただし、外からの情報を理解したうえで取り入れる「受容学習」は、大人にとっても、さらに、科学者や芸術家など創造的な仕事をしている人にとっても大切な学習であり、それなしに、有効な問題解決学習はできないということです。受容学習と問題解決学習の両方があってこそ、人間は高いレベルの知的行動が遂行できるのであって、受容学習を「受け身の学習」「消極的な学習」「レベルの低い学習」などとしか位置づけない教育論は、おそらく破綻すると思います。

ただし、それはひとまず置いたうえで、ここでは、問題解決学習について、さらに詳しく見ていきたいと思います。それは、習得サイクルの学習における問題解決と、探究サイクルにおける問題解決の区別についてです。両者は同じ問題解決と言いながらも、その目的や設定のしかたに違いがあります。

繰り返すことになりますが、習得サイクルの学習とは、「既存の知識や技能の獲得をめざす学習」です。目標となる知識・技能を設定するのは、通常の授業では教師です。そのために、教師は教材や課題を用意して、授業の組立てを考えます。その中で、子どもに解決してほしい問題というのも、教師が用意した問題です。目標とする知識・技能の獲得のためにふさわしい問題を、教師が用意するのです。最終的な評価も、目標となる知識・技能がどれだけ身に付いたか、という視点からなされることになります。

一方、探究サイクルの学習においては、問題設定の主体は「探究者」である子ども自身です。教師がいくつか選択肢を与えたり、テーマに何らかの制限をつけることがあるにせよ、それらの中から子どもが自らの興味・関心にそって、問題を選んでいくことになります。そのとき、子ども自身の目的意識は、特定の知識・技能の獲得ということよりは、まさに、そのテーマについて追究活動とか創作活動をしたいということになります。ここにこそ、教師の「支援」が必要になってきます。逆に、習得の学習で、「指導より支援」と言ってしまうと、目標となる知識・技能の獲得からどんどん離れてしまう危険があります。

１９９０年代の教育界の混乱の１つは、「習得」と「探究」ということを区別せずに、本来ならすべての子どもたちに習得させせたい基礎基本を、探究型のやり方で自力発見、自力解決させせようとしすぎたことにあると私は考えています。それが、「教科書に導入として出ているようなことを、教科書を閉じて考えるよう促す」という授業方法に表れていま す。すると、知っている子どもには退屈で、知らない子にはとても考えられないという事態が生じる。時間が足りなくなり、活用や探究の学習までとても行きつかない、ということは第１章でも指摘したとおりです。

あらためて述べますが、「教えて考えさせる授業」は、問題解決学習を軽視しているのではありません。「いつ、どのような課題で問題解決をするか」という点で、従来の問題解決学習と異なるのです。また、問題解決のための予備知識として、既習事項だけではなく、未習事項も教えることをためらわないという点が異なるのです。そこで、何を教え、何を考えさせるのかということについて、次にまとめておきましょう。

3　「教えて考えさせる授業」の組立て――何を教え、何を考えさせるのか

●授業とは何をめざすのか――伸びる機会をどの子にも与えること

一斉授業のジレンマとして、次のようなことがよく言われます。「進んだ子に合わせる

と、遅れている子がついていけなくなる。遅れた子に合わせると、進んだ子が足踏みすることになる。結局のところ、真ん中の子に合わせて授業を進めざるをえない」と。しかし、真ん中の子どもに合わせたからといって、問題が解消するわけではありません。進んだ子にとっては、ものたりない授業になるでしょうし、遅れた子にとっては、やはりよくわからない授業になります。どちらの子にとっても、「この授業で身に付けたことは何か」が見えてこないのです。

子どもに学力差があるという厳しい現実があるにせよ、いっせいに教室に集めておいて、時間を無駄に過ごす子どもが出てくる、というのはどう考えても望ましいことではありません。「それなら、塾に行ったほうがいい」とか「私立学校に行かざるをえない」ということになって、実際に、そういう保護者や子どもが出てくるのも無理のないことです。「どの子も伸びる」というのが、授業の理想のあり方のはずです。しかし、それは、達成しようのない「夢」にすぎないのでしょうか。

教育現場では、「完全に」とまではいかなくても、この理想に近づくために、いろいろな工夫を行っています。たとえば、予備校や塾がいち早く取り入れたものに、学力別のクラス編成があります。やさしすぎると感じる子どもや、むずかしすぎると感じる子どもがやめてしまっては困るからでしょう。学校でも、「習熟度別」ということで、クラスや小グループの編成を行うことがかなり増えてきました。学力の多様な子どもの混在する一斉授業では、教師が同じ説明をしたり、同じ問題を出しても、ある子にはやさしすぎ、ある子にはむずかしすぎるので、子どものほうを層別化して、それぞれに応じた教え方をしようというわけです。

クラスを少人数にするという方法もあります。1人の先生が受けもつ子どもの数が少なければ、それだけ、一人一人をていねいに見ることができます。つまり、遅れている子には、ていねいな説明をしたり、ヒントを出したりする。進んでいる子には、より高度な課題を出したりすることもできます。

多様な子どものいるふつうのクラスでの工夫としては、協同学習の導入があります。たとえば、小グループでの教え合い活動によって、すでによくわかっているという子は、わからない子のサポート役を務めます。これは、わからない子にとってメリットがあるばかりか、教え役の子にとっても、コミュニケーション力が育ったり、深い理解にいたったたりする機会にもなり、大きなメリットがあると考えられます。

「教えて考えさせる授業」というのは、クラスやグループの編成のしかたとは、別の意味で、「すべての子どもが伸びる機会」を重視した教育理念に立っています。つまり、すでに先取り学習などで知っている子どもがいると見込まれるときには、その内容が学校の授業で未習ではあっても「教える」ということになります。もしそれを自力発見させれば、知っている子が足踏みすることになるからです。また、あまりにもやさしすぎる課題、あまりにもむずかしすぎる課題も「教える」ほうがよいということになります。それを達成することによって伸びる子が、全体としては多くならないからです。

学力の低い子どもにも、未習事項を「教える」ことを通して、基礎的な知識・技能を伸ばすことは保証しなくてはなりません。しかし、ただ教え込めばいいのかというと、そうではないのです。「教えられたことしか知らない」という学習者では困ります。応用や創造のための思考力を育てることも、教育の重要な役割です。思考力が「伸びた」といえる機会も授業の中で用意しなくてはなりません。

「教えて考えさせる授業」の理解深化課題は、通常の授業よりも、ややレベルが高いことが多いのです。むしろ、学力の高い子にとって、考えがいのあるような課題を使うことを推奨します。それでこそ、思考力の育成もはかれるわけですが、学力の低い子にも、その課題を考えるのに必要なレディネスを「教えてつくっておく」のが「教えて考えさせる授業」の本質ともいえる特徴です。

実例に則して──「平行四辺形の面積の求め方」の授業

では、実例に則して考えてみましょう。小学校算数の「平行四辺形の面積を求める」という授業をどう展開するでしょうか。既習事項は、長方形の面積が、縦の長さ×横の長さで求められるということです。「既習をもとに考えよう」ということで、いろいろなアイデアを子どもに考えさせ、１時間をかけて、自力発見、協同解決によって、「底辺×高さ」という公式にいたらせる、というのがよくある授業展開です。教科書にも必ず出ており、アイデアとして最も一般的なのは、図３・７Ａのように、底辺からの垂線によって三角形を切り取り、平行移動させて長方形にするという方法です。Ｂのように、斜辺の中点を通る垂線で切り取り、回転移動するという方法もあります。

著名な算数教育学者から、「教えて考えさせる授業」への批判として、「こうした思考活動に1時間を使うことこそが、算数教育として本質的に必要なこと」と言われました。私は、必ずしもそうは思いません。この授業展開によって、それぞれの子どもがいったい、どのように「伸びる」のか、そして、どこまで子どもを「伸ばしたい」のか、を考えるべきだと思います。「このような求め方を知っている子がどれくらいいるのか」「これはどれくらい考えがいのある課題なのか」「この求め方を導くこと以上に大切なことはないのか」ということです。

現実には、教科書を開けば出ているこれらの求め方を、先取り学習によって知っている子はたくさんいるはずです。他方では、自分で考えるように言われても、これらのアイデアを自力ではとても出せない子どもも数多くいるはずで

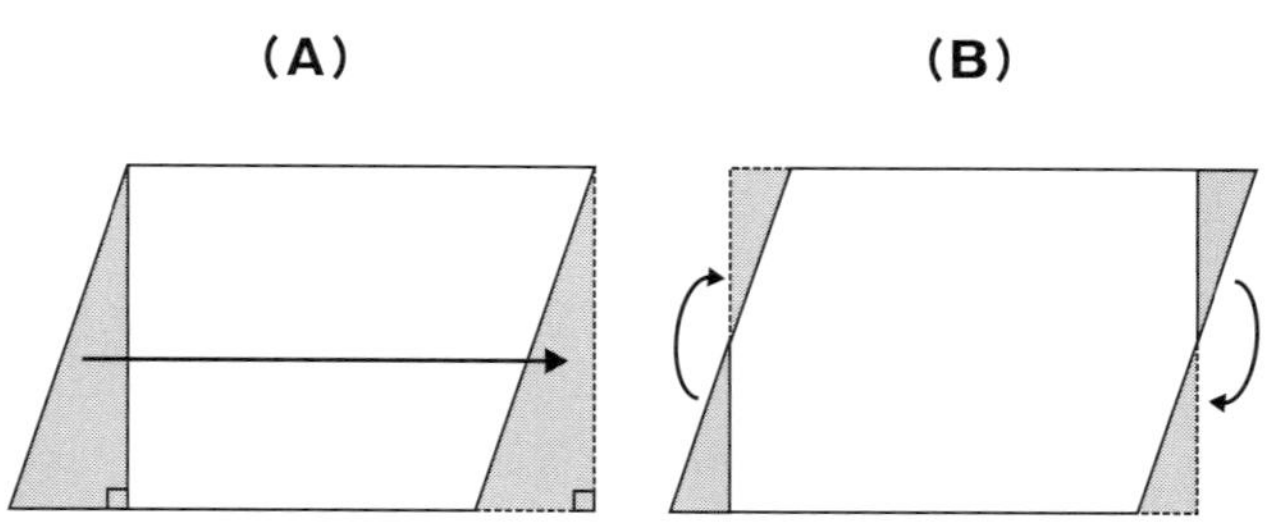

図3・7　平行四辺形の面積の求め方

す。なおかつ、ここでの習得目標が、できればすべての子どもに平行四辺形の面積が「底辺×高さ」によって求められるということの意味と、実際に求める技能であるならば、私は、これは、教えるほうがよいと思います。教え方は、前述したようにいろいろです。教科書を使う、平行四辺形の実物を使う、デジタルコンテンツを使う、などが考えられます。また、すでに知っているという子にすぐ発表してもらうという手もあります。

子どもに考えてほしいのは、むしろここからです。ここで「底辺×高さ」という公式にいたったとしても、意味がよくわかっていない子が実に多いからです。「自力発見」したはずの子さえ、よくわかっていない場合があります。たとえば、平行四辺形の「高さ」というのは、いったいどこのことなのかがあいまいな子が少なくありません。「図形が斜めになると混乱しないか」「どこを底辺とみなすかによって、それに応じて高さが決まることがわかっているか」など、チェックすべきポイントがあります。これらを理解確認として行わなければ、いくら「自分たちで公式を作る」というような授業をしても、単元が終わったときに、意味もよくわかっておらず、定着もよくないことになります。

では、そこまですると、「理解深化」では何をしたらいいのでしょう。これもいろいろ考えられるはずです。1つの候補としては、よくあるものですが、この公式の一般性を確認することを目標にし、図3・8のようなゆがんだ平行四辺形も、「底辺×高さ」で求められるのかどうかを考えさせる課題です。もう1つの候補として、「同じような考え方を使って、自分で図形の面積を求める問題を作ってみよう」というのはどうでしょう。図3・9のようないろいろな図形が考案されて、それを発表し合うことによって、ここで使った等積変形の一般性や有効性がより深く理解できるはずです。ここでは、より高い目標を設定していることになります。

自分たちで問題を作るというのは、子どもたちに相当ゆだねたやり方のようですが、算数・数学ではいろいろな場面で使える1つの方法として有効です。この方法がいいのは、子どもの学力に応じていろいろなものを作れるという

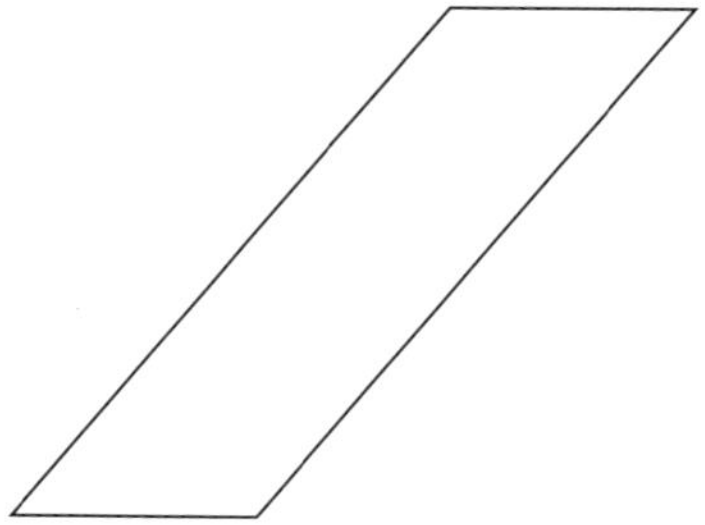

図3・8　ゆがんだ平行四辺形

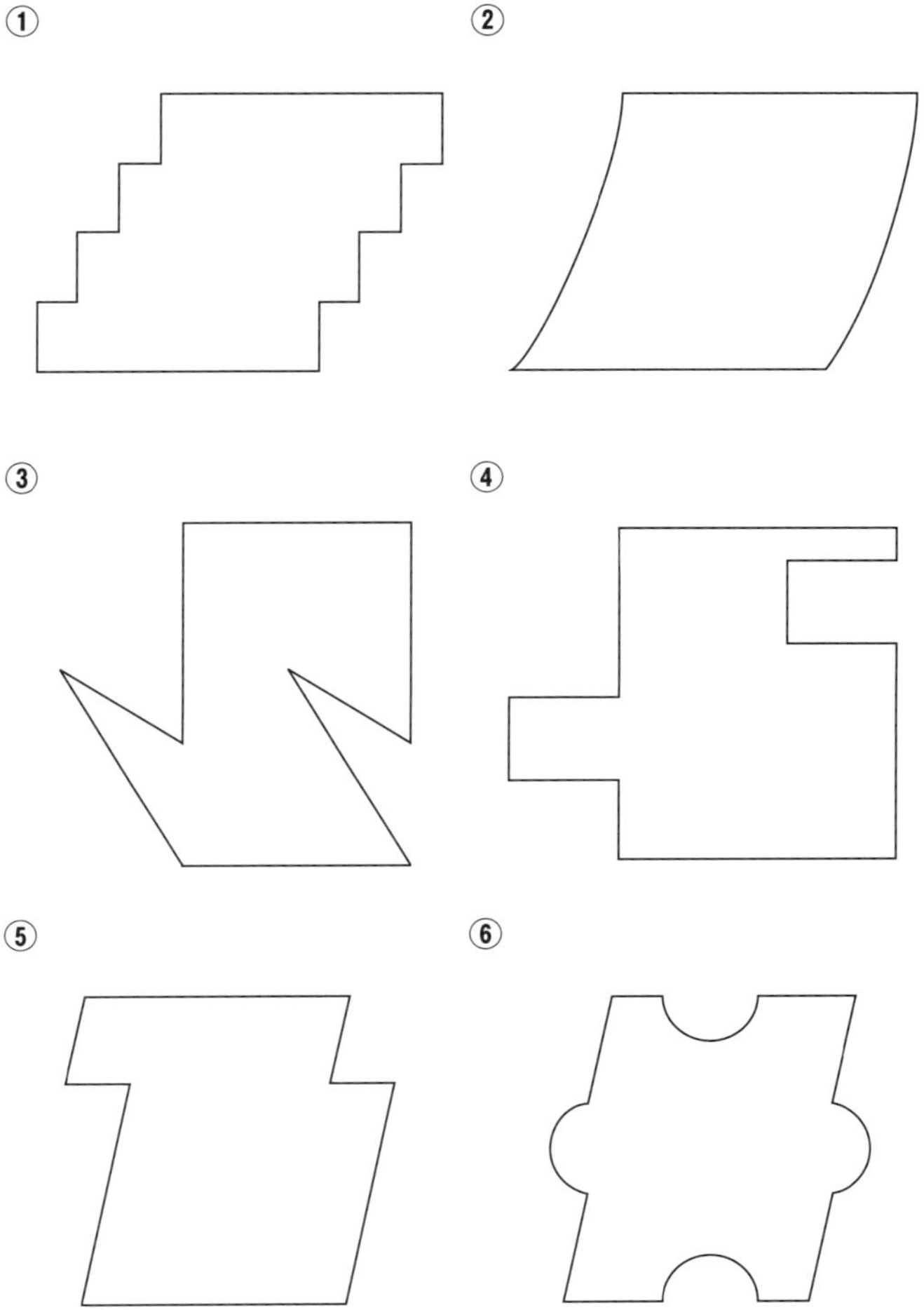

図3・9　等積変形を使って、「底辺×高さ」で面積を求められる問題を作る

ところです。習ったのと似たような問題を作る子もいるでしょうが、おもしろいものを作ってやろうとがんばって、オリジナルな問題を作る子もいます。それぞれの力量に応じて、自分なりのものを作れるので、どんな子も参加しやすいのです。

●「教える」と「考えさせる」の時間配分

1単位時間、あるいはあるスパンの単元の中で、「教える」部分と「考えさせる」部分のバランスをどう考えるかは、教科によっても単元によってもさまざまで、どういうときにどちらに重心を置くかは、一概にはいえないむずかしい問題です。ただし、説明に時間をかけることで理解が進む場合は「教える」を重視、それ以上説明するよりは、自分で体験したほうがよさそうなときには「考えさせる」に移行する、ということは原則論としていえるでしょう。

たとえば、スキーを教えるというような実技の場合には、インストラクターが見本を見せて、「曲がるときに、こういうふうに体重を移動させるんだよ」と言葉で教えたりします。これはやはり「教える」の部分として必要なのですが、ここに時間をたっぷりとって、説明を繰り返すよりは、ひととおりのことを教えたら、あとは自分で試行錯誤しながらやってもらうほうがよいわけです。そこはすでに「考えさせる」の部分に入っています。

一方で、学習内容自体がすごくむずかしいという場合があります。たとえば、さきに数学の授業例として紹介した「順列・組合せ」はそれにあたるでしょう。特に、組合せの公式の導き方です。このときには、解説テキストを作って、予習タイムを設けて読んでもらったうえで、さらにアニメーションを使うなど、教材・教具も工夫したていねいな説明をしました。こちらからの情報提示に、相当の時間をかけています。

このように、理解するのに相当手間取り、先生が時間をかけて、いろいろな教材を使ったり、説明のしかたを工夫したりすることによって、より理解が深まっていくというタイプの学習のときには、「教える」でたっぷり1時間、「考えさせる」でもう1時間というような時間配分にならざるをえない場合もあると思います。

「教える」と「考えさせる」の各ステップは、必ずしも毎回1時間の授業の中に収められていないといけないということはありません。単元全体の中で、初めのほうは教えることに重点を置き、あとのほうでは考えさせることに重点を置くという方針の実践校もあります。ただし、教えるばかり、考えさせるばかりの時間が続くと、子どもたちの注意も持続しにくいと思われます。「説明を聞き、理解する」という学習と、「それをもとに自分で考えてみる」という学習が、ほどよく配分されているということが本質的なのです。

「教えて考えさせる授業」がうまくいかないとき

言うまでもないことですが、「教えて考えさせる授業」にすれば、いつもうまくいくというものではありません。およそどのような授業形態でも、うまくいかないことはあるでしょう。「教えて考えさせる授業をしてみたが、どうもうまくいかない」というネガティブな反応としてよくあるケースということで、3点ほどあげてみます。

まずは、その目的や趣旨を理解しないまま実践しているというケースです。私が「教えずに考えさせる授業」だとどんな問題があるのか、「教えて考えさせる授業」にすると、それがどう改善されるのかということを説明したときに、「たしかにそのとおりだ、さっそく実践してみよう」という先生もいますが、他方では、「どうもピンとこないけれども、学校としてこういうテーマを取り上げたのでやらなくてはいけない」という感じで、必要性をほんとうに感じないまま、やってみようとする先生もいます。すると、やることがどうも中途半端になってきます。

具体的には、教える部分できちんと教えようとしない。何か、教えることは悪いこと、あるいは教えてしまうと、その先やることがなくなると考えてしまって、どうも教え渋ってしまうのです。すると、「わかりやすい説明」をするべき「教える」の部分が、せいぜい「ふだんよりヒントを多めに出して考えさせる」くらいになってしまう。つまり、「ヒントつきの考えさせる授業」に終わってしまうのです。これでは、やはり基礎的な知識の定着、共有はできません。

2つめには、「教えて考えさせる」ということの大切さはわかるのだけれども、わかりやすく教えるということが、どういうことかよくわからない、うまくいかない、とおっしゃる先生がいます。これは、本章で述べたような「教えるための工夫」が思い浮かばないということです。日本の教師のよい伝統であった指導技術を、研究授業や研修を通じて、あらためて取り戻す必要があると思います。市販の教育雑誌や指導書も役に立つのですが、教師研修のためのビデオ教材なども充実させる必要があるでしょう。

3つめとして、今度は「考えさせる」という部分で、どういう課題で考えさせたらよいかがわからないという先生もいます。あまりにやさしい問題では、子どもにとってやりがいがありません。また、教えられたことが理解できても解けないようなむずかしすぎる問題でも困るわけです。ほどよいレベルで、教わったことをもとにして考えを進めることができ、内容的にも子どもの興味をそそるような問題。確かにそれを、自分で考えるのは教師にとってむずかしいことです。

では、これまではどうだったかというと、教科書で説明に使われるような問題を使って「自力発見」を促していたのです。そこでは、教師が自分で問題を考えるとか見つけてくるという必要がなかったのでしょう。ところが、そこはもう教えてしまう、となると、その先で困ってしまうということのようです。

理解深化課題としてよいものを見つけるのは、たしかにむずかしいかもしれません。しかし、すべての問題を自分で新たに考えようとする必要はないのです。教科書の練習問題は、もちろん第一候補として使えます。校内のほかの先生の授業が参考になることもあるでしょう。教育雑誌や他校の研究紀要には、工夫されたよい問題がいろいろと出ています。

そして、しだいに自分のオリジナルな課題が作れるようになればいいのではないでしょうか。

「教えて考えさせる」と「教えながら考えさせる」

前述したこととも関連しますが、「教えて考えさせる授業」ということを言ったときに、「教えながら考えさせる」というふうに解釈されることもあります。研究授業を見て、どうも私の「教えて考えさせる授業」のイメージと違うので、「先生のこれまでの授業とどう違うんですか」と聞くと、「ヒントを出す部分を増やしてみました」とおっしゃるのです。その先生なりに、教えての「て」は順序性（〜してから）ではなくて随伴性（〜しながら）ととらえ、「教えながら考えさせる」というイメージで理解しているようです。

「教えながら考えさせる授業」は、最初に先生がひととおりのことを教えてしまうのではなくて、要するにヒントを小出しにしながら、子どもに考えることを促すという授業です。「さあ、みんなでこれを考えてみましょう」とやりながらも、自力発見はなかなかむずかしいので、少し先生からヒントを出しながら、発見したようにもっていくというような授業展開です。

たしかに、子どもにしてみれば、答えを教えてもらったわけではないので、それなりに自力発見したような感覚、充実感が得られるということはあるでしょう。最後にわかったのは自分が考えたからだというふうに。そして、「これこそよい授業だ」という授業論はけっこうありますし、実際にもよくやられています。先生に助けてもらったという感覚をあまりもたせずに、自分で考えてわかったんだという自信をもたせることが大切なのだと。

私は、こういう授業を一概に悪いとは思いませんし、探究型の学習では、こうしたやり方がむしろよいと思います。また、「教えて考えさせる授業」の理解深化課題をするとき、ヒントを出すことは当然あってよいと思います。ただし、そこで子どもたちに自力発見したのだという錯覚をもたせる必要はないと思っています。自分でも考えたが、先生にも教えてもらったおかげだというのが実際の正しい認識なのですから。実際、私たちの学習とか問題解決はそういうことが多いわけで、けっして恥ずかしいことではありません。

もう1つ、「教えながら考えさせる授業」を、習得型の学習で行うことには、やはりリスクが大きいことにも注意が必要です。「教えずに考えさせる授業」がなぜ問題なのか、という論点の１つは、先取り学習している子や、すぐにわかってしまう子にとっては、実に退屈な授業になるということでした。ヒントつきの「教えながら考えさせる授業」でも、このリスクはまったく同様です。

学校で未習だからといって、知っている子がたくさんいる問題を、ヒントを小出しにしながら考えさせられたら、その子たちにとっておよそ魅力ある授業とはなりません。そうしたリスクがあるので「教えて考えさせる授業」は、基本的なことがらは、教師からむしろ説明していくことを求めているのです。そのうえで、「そんなこと、知ってるよ」と言われそうもない問題を、クラス全員で考えていくことをねらいます。これこそが、ほんとうの「問題解決型」の授業だと思うのです。

Q&A 「教えること」と「考えさせること」

◆演繹型と帰納型の授業展開

……何を教え、何を考えさせるかというときに、何か一般的な「型」と言いますか、パターンのようなものがあるのでしょうか。

市川　そうですね。具体例で考えてみましょう。たとえば、小学6年・算数の「比例」の学習で、比例の意味理解を目標とする授業の場合です。ひとつの組立てとしては、比例の定義（2つの変数の間で、一方が2倍・3倍となるにつれて、他方も2倍・3倍となっていくこと）を教え、それからさまざまな事例（浴槽に水を入れる時間と深さの関係、針金の長さと重さの関係など）にあたって、それぞれの事例が比例といえるかどうか考えさせるという展開があります。いっぽう、先にさまざまな事例を提示して、それらに共通することとして比例の定義を考えさせるという逆の展開もありえます。

一般化していえば、前者の展開を「演繹型」、後者を「帰納型」ということができるでしょう。演繹とは、原理や法則をさまざまな個別事例に適用してみて、その一般性や限界を考えることです。逆に帰納というのは、いろいろな個別事例にあたって、そこに共通する原理や法則のようなものがないかを考える思考法です。

授業展開としては両方の場合がありえるのですが、実際の授業でどちらのほうが現実的かと考えると、算数・数学では、原理・原則にあたるような内容が教科書にはっきりと載っています。また、塾などで明示的に教えられて知っている子もいます。このように、子どもにアクセス可能なものは教師から与えて、つまり教えてから、そのうえでそれを深めたり広げたりしていくという展開のほうが、現実的ではないかと思います。定着もいいし、理解も深まるでしょう。

ところが、実際には、研究授業などを見ていると、帰納型で展開されていることが多いようです。概念形成を一種の問題解決にしているわけです。あるいは、水を入れる時間と深さというような1事例だけを提示して、そこにある関係を考えさせ、「このようになっている関係を比例といいます」と説明しているのもみかけます。それだと、誤解をしている子どもがたくさんいます。

◆帰納型の「教えて考えさせる授業」もある

……「教えて考えさせる授業」としては、演繹型がよいということになりますか。

市川 必ずしもそういうわけではありません。ここで、教科や単元による違いが出てくると思います。例えば歴史の教科書をぱっと開いたときに出ているのは、いろいろな歴史的事実ですね。しかも、それらはすでに知っているという子どもは少ない。すると、授業としては、個別事例をまず教えて、その裏にある歴史の流れだとか、法則性のようなことについて考えさせるというほうがやりやすいかもしれません。

理科だったら、いろいろな自然事象を教えたり観察させたりして、そこからある種の法則や原理を発見させるという行き方もあれば、逆に法則や原理を教えて、そしてそれを実験によって確かめたり、現実のいろいろな場面に適用してみる。さらにその法則の一般性や限界を考えるという行き方の両方があるでしょう。

どの教科の授業にしても、何を教え、何を考えさせるかというときに、演繹型と帰納型のタイプがあるということは大切です。どちらの「教えて考えさせる授業」もありえるのです。これは柔軟に考えてもいいのではないでしょうか。

◆「教えながら考えさせる授業」との比較

……「教えて考えさせる授業」は、「教えながら考えさせる授業」とは違うということでした。「教えずに考えさせる」は違和感があるけれども、「教えながら考えさせる」ならよいという先生方は多いように思えます。あらためて、「教えて考えさせる」のほうがなぜいいのかをまとめていただけますか。

市川　あくまでも、習得型の授業に関しては、ということですが、そこは承知しておいてくださいね。探究型の学習では、子どもが自分の興味関心をもったテーマを追究する過程で必要に応じて教える「教えながら考えさせる」というスタイルがむしろ一般的と思ってさしつかえないのですから。

本章では、1つの理由として、「すでに知っている子どもにとって退屈な授業になるという欠点を、『教えずに考えさせる授業』と同様に引きずっている」ということを述べましたが、それだけではありません。

2つめの理由としては、あまり高いレベルまでいけないということです。ヒントを出しながら考えさせていくと、そこだけで多くの時間を費やしてしまい、理解深化にはとてもいけません。定着のための時間もとれなくなります。

これと関連しますが、3つめの理由としては、「教えながら考えさせる」という授業論は、思考重視のように見えますけど、逆に、学習の重要な側面である「受容学習」が正当に位置づけられていないのです。受容学習と問題解決学習というのが、学習本来の2つのプロセスであることはすでに述べたとおりです。

もう一度繰り返しますが、聞いたり読んだりして、外から知識を取り入れるという受容学習を、受け身の学習だとか、思考軽視だといって低く見ることはありません。それは、科学者でもみなやっている活動であり、それがあってこそ、高度な問題解決ができるのです。

受容学習も、主体的に、能動的に行うべきものであり、学習者にとって大切な素養です。社会に出て、ヒントを出してくれる先生が近くにいるわけではありません。むしろ、自分で本を読んだりして積極的に受容学習を行ってから、自分の頭で思考するのです。

「教えて考えさせる授業」というのは、子どもの側からいえば、「教わってからその先を考える学習」ということになりますが、これは、「自ら学び自ら考える」というスタイルの原型ともなるものといえるでしょう。

注

(1) **予習タイム**　自宅でやる予習ではなく、授業の最初の５分程度を本時の予習時間にあてること。ここでやるのは、基本的には教科書の解説や例題の解答を読んで概略をつかみ、予習だけではわからないところをはっきりさせることである。「人に説明できるか」を目安に、よくわからないと思った箇所に付箋を貼ったり、疑問カードを書いて出してもらったりする。予習で生わかりになることを通して、授業では本わかりできる、という学習の効用を子どもたちに実感してもらい、やがては家庭での予習に移行することをめざしている。

(2) **仮説実験授業**　１９６０年代に板倉聖宣氏によって提唱された科学教育の方法論。「こういう実験をしたら、どういう結果になるか」を予想させ、その理由を討論することによって、仮説演繹的な思考を育てることをねらう。最後には実験を行って決着をつける。「問題」「予想」「討論」「実験」の要素を基本とする「授業書」を整備して、だれにでもわかる楽しい科学教育をめざし、その後大きな影響を与えた。具体的な授業運営法は、板倉聖宣『仮説実験授業のＡＢＣ』（仮説社）ほか、板倉氏らの一連の著作に詳しい。

【第4章】教育界の動きと「教えて考えさせる授業」

これまで本書では、「教えて考えさせる授業」とはどういうものかについて、そのねらい、実践例、授業づくりのポイントなどを示してきました。「教えて考えさせる授業」は、けっして「すべての授業がこのようにあるべきだ」という授業一般論ではありません。しかし、習得型の授業では最もスタンダードな授業展開であるということもあわせて主張してきました。

最後に、本章では、近年の教育界の動向について、インタビュー形式で筆者の考えを述べながら、「教えて考えさせる授業」をより広い文脈の中でとらえてみることにします。また、私が期待する今後の教育のあり方を示すことによって、「教えて考えさせる授業」を普及することが、教育の最終目的ではないということもおわかりいただけるのではないかと思います。

1 教育改革の社会的動向の中で

勉強に対する外圧の低下

……認知カウンセリングの実践を通じて多くの子どもに接してこられ、また、学校の現場も多数ご覧になってきて、最近の子どもたちの学力、学習状況をどういうふうに見ておられるかという点からうかがえればと思うのですが。

市川　まず、よく言われることですが、やはり学習意欲は落ちてきていると思います。小・中・高と進むにつれて、勉強とは面倒くさいもので、しかもあまりおもしろいものではないという考え方、いわゆる「勉強離れ」が強くなっているような気がどうしてもしてしまいます。これはおそらく、学校の先生方も痛切に感じておられることではないでしょうか。

だからといって、昔の子どもはみんな勉強が好きだったとは必ずしも思いません。昔というのは30～40年前のことですが、受験圧力がけっこうありました。外からのそういうプレッシャーがあって、みんながやっていれば、子どもはそれなりに勉強するものです。そうしてやっているうちに、おもしろさややりがいを感じられる子も出てくるというわけです。

ところが、いまは少子化の時代、大学全入時代といわれるようになって、受験圧力は減ってきています。社会的な価値観としても、あまり勉強、勉強というと子どもの心がゆがむというようなことがずいぶんいわれすぎたので、親も先生も昔ほど勉強にプレッシャーをかけなくなりました。

子どもの娯楽の肥大化

一方では、いわゆる娯楽的な楽しみというのがどんどん供給されています。いまは、子どもたちにとって楽しくてチャレンジングなものが山のようにあるわけです。昔だったら、テレビにしたって子どもが見る時間は限られていました。ところが、いまならビデオでいつでも見られます。テレビゲームや携帯型ゲームも、いつでも好きなときにできて、時間を費やしてしまいます。

また、いまや中学生でもかなりの子どもが携帯電話を持つようになりました。携帯電話なら、自分の部屋でかけているかぎり、真夜中だって親に怒られません。昔だったら夜の12時に電話をかけたら、もちろん家の人に怒られます。相手の家にも迷惑でしょう。

こうした楽しみが周りにあふれ、しかも子どもは経済的に豊かになっていますから、そういうものを享受できます。子どもがいまどうしてこんなに経済力をもっているのかというと、これは社会が豊かになったからですよね。大人が豊かになったので子どもにも豊かさが回ってきたと。お小遣いがいっぱいもらえるので、子どもはいろいろなものが買えるんですが、これは大人があげているわけです。

また、高校生のアルバイトは、都心部ではもうあたりまえになってきました。高校生が放課後や休日にコンビニやファミレスで週3日働けば、月に4〜5万円は稼げます。昔は、とても考えられないことでした。若いときには勉強、スポーツ、あるいは音楽とか、そういうことで自分を磨いていくといった価値観が主流でした。稼いで遊ぶのは、先送りにしていたのです。

●学習の形骸化が進行している

こういう生活に慣れきってしまうと、若いころには勉強しておくことが大切だとか、勉強がおもしろいとかいうふうな気持ちにならなくなりますよね。勉強からどんどん離れていくことになります。その結果として、当然ながら学力は落ちる。たしかに、私立中学受験とか、あるいは一流大学を受験するというようなことで受験勉強に駆り立てられている子は、一部の層としてはあると思います。しかし全体としてみると、勉強というものにあまり関心が向かわないし、その結果として、工夫して力がつくように勉強しようという学習スキルも落ちてきます。

学習相談をしていていちばん気になるのはそこなんです。工夫して勉強して学力をつけようという気がなくなっている。上達したいと思えば、音楽でもスポーツでも、練習方法を工夫して高い力を身に付けようとするはずです。ところが、人から言われて仕方なしにやっているんだったら一生懸命やらないし、形骸的な練習になってしまいます。「今日はピアノを1時間練習したからもういいでしょ」「素振り200回やりました、今日は終わり」と言って、もうそれで終わってしまう。たいして力がつきません。勉強に対してもそういうことが起きているのではないでしょうか。

このように勉強の仕方が非常に形骸化していることが基本的な問題です。決められた時間、あまり考えずに何か反復的な学習をすれば、これでもう勉強したということにしてしまう。認知心理学が大事にしている知識の構造化だとか、意味的に深い理解だとか、そういうところまで行きません。結果的にもちろん知識はあまり身に付かないし、理解も進まないということになってしまう。勉強のおもしろさというものも、ある程度深いところまでいかないとやっぱりわからないと思うんです。これが、私の目から見た最近の子どもたちの学びの問題点ということになります。

「ゆとり教育」の時代的背景

……こうした社会・経済の変化と「ゆとり教育」との関係について、もう少しうかがえますでしょうか。

市川　はい。その前の時代、つまり１９６０〜１９７０年代の日本というのは、まだ戦後の貧しい時代から高度成長ではい上がっていこうという時代です。とにかく猛烈にがんばって働いて、貧しい時代からはい上がろうとしたわけです。例えば、いまの中国がそうでしょう。欧米日という先進国に追いつき、追い越せで、社会全体が猛烈に働こうとしている。

そうした中では、上昇志向、できるだけ上へ上へという気持ちが起こるものです。それに、高度成長当時は、大学はまだそんなに数がありませんでした。子どもが多くて、大学が少ないので、「狭き門」だったわけです。その中で少しでも高い学歴を得ようとして、大人ががんばると同時に子どもにもがんばらせるというのが高度成長の時代だったのですね。大人は猛烈社員、子どものほうは猛烈な受験勉強ということで、60年代、70年代とやってきました。

それがある程度達成されて社会が豊かになると、大人も「そんなにしゃかりきになって働かなくてもまあいいではないか」という一種のゆとりみたいなものが生まれます。子どもも、そんなに勉強にばかり向かわせると、言葉はよくないですけれども、落ちこぼれるような子どもも出てきて、いろいろ問題を起こしたりもする。そして、その中で勝ち残った子どもも、大学に入ると「五月病」だとかいわれてずいぶん疲れている。

だから、大人も少しゆとりをもつと同時に、子どもにもゆとりをもたせましょうと。要するに、ある程度豊かな社会を達成できたので出てきた社会の変化です。「そんなに勉強しなくても、人間は学歴ばかりじゃないよ」と。たしかにそうなんですけど、それが学習離れにつながってしまった面はあります。社会の変化と、子どもたちに対するプレッシャーのかけ方というのはすごく関係があるでしょう。

……そうすると、やはり大きいのは社会的な状況がだいぶん変わってきているということですね。

市川　まずはそれが大きいでしょうね。加えて、行政や学校教育が変なことをしてしまうと、勉強離れに歯止めがかかるどころか、ますますそれを助長してしまうことになります。1990年代に進められてきた教育改革は、日本の子どもが勉強しすぎで、受験圧力が強すぎるということを前提になされてきました。「子どもにもっとゆとりを」ということだったのですが、実態は、すでに勉強離れが進行しているときだったんですね。「教えずに考えさせる授業」もその1つです。社会の変化に追い打ちをかけるように、同じ流れで、子どもに勉強、勉強とあまり押しつけずに、もっと自由に考えさせることが、あたかもいい教育であるように流れてしまった。知識中心はもう古い、習得は古いといった雰囲気が出てきたわけです。一気に、自由な思考とか創造性とかにとんでしまう。社会的な状況と学校教育の流れが、子どもを地道な勉強から遠ざけるという方向に妙に合致してしまって、学習のしかたが形骸化してしまった、学力も落ちたということは否めないと思います。

●教育改革のねらいと新しい枠組み

……では、これからどうすればいいのか、という話をうかがいたいと思います。市川先生はこの間、中教審等で教育の議論にずっとかかわっておられますが、中教審ではどういうことが課題として認識されて、どう乗り越えようとしているのかというあたりをうかがえますでしょうか。

市川　私は、１９９９年に当時の教育課程審議会に入りました。すでに、１９９８年の学習指導要領改訂は終わっていて、評価の改革がテーマでした。そのころから、「学力低下論」が起こってきたのです。その後、省庁再編で文部省が文部科学省になり、同時に審議会も再編成されて、教育課程審議会は中央教育審議会の教育課程部会となり、現在にいたっています。ここで、教育改革は新しいステップに入りました。

１９９０年代の教育改革の流れには、いいものもたくさんあります。「新学力観」「生きる力」のねらい自体としては、私は悪くないと思っていました。これからの学力は、単に知識をたくさんもっているというだけではだめで、「自ら学び、自ら考える力」なんだということが言われました。

それ自体はすごく大事なことなのですが、そこでの知識とか基礎基本のとらえ方がすごく甘かったのだと思います。基礎基本的な知識と「自ら学び、自ら考える力」を二項対立的にとらえて、知識がものすごく悪いイメージをもたされてしまいました。「子どもたちに大事なのは知識じゃない。教えられて何かできるようになるのではだめだ」と。そうして「教えずに考えさせる授業」が広まったわけです。

認知心理学者として、私は、「これからの時代は知識じゃない」という言い方を教育界でされると、ものすごく抵抗がありました。認知心理学の常識では、知識があってこその思考とか表現とか問題解決ですから。そんなことを言ったら、基礎基本も身に付かないし、より高度な「自ら学び、自ら考える」なんていうことができるわけないだろうと思っていたんですけれども、世の中一般は知識軽視の風潮になっていました。

そこで、学力低下論が出てきたときに、「実はこんなに基礎基本が身に付いていませんよ」ということが指摘されたわけですよね。それは、当たっていたと思います。ただ、学力低下論の人たちは、「だから基礎基本を徹底せよ。総合学習などいらない」ということをしきりに言うので、それもまたバランスを欠いていると私は思っていました。

そこで私は、「習得と探究」ということを言ったわけです。要するに、車の両輪なんだということです。今度こそ、振り子のように揺れ動くのではなくて、習得と探究のバランスをとって、しかもリンクさせるんだと。リンクさせるというのは、機能的学習環境のような考え方からきています。これはあたりまえの話だと思っていたら、実際「習得と探究」というフレーズがいつの間にか審議のまとめなどで取り上げられるようになってきたわけです。

「生きる力」、「ＰＩＳＡ型学力」に向けたカリキュラム

……「生きる力」というのも盛んに言われたのですが、ちょっと中身がよくわからない言葉だったように思います。今回の改訂に際しても、「生きる力」という理念の共有が強調されていますね。これは、ＰＩＳＡ型学力とも通ずるものだということですか。

市川　そうですね。「生きる力」の知的側面として、「確かな学力」という言葉がありますが、これも、基礎基本とともに、思考力、判断力、表現力などを含めた相当広い意味で、かえって通じにくくなっています。「生きる力」の本質的なところは、教科学習だけで閉じていないで、生活文脈の中で生かせる力が大事だということでしょう。それが具体的にどういうことなのかという裏づけにどうも乏しかったので、現場では何をしていいのかわからなかったと思うんです。

ＯＥＣＤのＰＩＳＡテストで測ろうとした力は、まさにそのコンセプトなんだけれども、より明確に言っていますよね。しかも、ＰＩＳＡはそれを具体的な問題として示しました。そして客観的に全世界で採点できるようにして、ランキングまで作ってしまいました。そこで、特に日本の子どもの読解力の成績がよくないというようなことが出されて初めて、

具体的にどういうことができるようになることなのかということが、イメージとしてつかめるようになってきたんだと思います。

文科省の方針としても、ＰＩＳＡ型の学力、読解力ということで、これまで「生きる力」とあいまいに言っていたようなものをあらためて明確に出して、さらに「人間力」という言葉も引き合いに出して、社会の中で生きていくために必要な力に結びつけるということをめざしてきました。

こうしたことは、実はあたりまえの話ばかりだと私は思っています。ところが、なぜいままであたりまえでなかったかという教育界の事情もよくわかるんです。教科のカリキュラムを作っている先生は、生活に生かす学力ということよりは、アカデミックな体系の中での階層性、たとえば数学だったらどういう順序で学べば大学の数学に結びつくかとか、そういうことを普通は考えています。日常的な文脈の中でとか、あるいは社会の仕事の中で数学がどう生かされるか、などということを考えてカリキュラムを作っているわけじゃないですよね。数学者や数学教育学者が作るかぎり、そうなってしまいがちです。

国語だって、国語学者や国文学者など、いわゆる国語教育の人が作っていると、会社の中で使われるディスカッションとかプレゼンテーションなんてことは、ほとんど出てこないわけです。やはり、生活文脈の中でどう生かすかという話は、これまでの学習指導要領を作ってきた教科教育の専門家からは出てきにくい。どうしても学問体系が優先される。これがいま、見直されようとしているということですね。実際、教育関係者の意識はしだいに変わりつつあると思います。

学校教育の世界で理想とされるのは、もともと「学者」だったんですね。ノーベル賞をとるような学者とかが1つのモデルになって、しかもその学者のふだんの学習プロセスというより、最後の最後、科学的発見をしたところとか、数学の定理を発見したとか、そういうところだけを取り上げて、それがモデルにされてしまうところがあります。「教えて考えさせる授業」は、学者の地道な学習プロセスである「本や他人から学ぶ」というところも受容学習として重視する、ということは第3章でも述べました。さらに、「生活や仕事への活用」という時間を生み出すこともねらっているのです。

2 「教えて考えさせる授業」の広がり

●教師、学校レベルでの取り組み

……市川先生の問題意識や、「教えて考えさせる授業」を主張されるにいたった経緯がよくわかりました。ところで、いま現在、「教えて考えさせる授業」の実践は、全国にどのような広がりを見せているのでしょうか。本書の中でもいろいろな学校の実践をご紹介いただいているのですが、あらためて教えていただけますでしょうか。

市川　まず初めに、本を読んだり講演を聞いたりして、「教えて考えさせる授業」に興味をもって実践を始めたところが2004年ごろから出てきました。本書の第1章で紹介した授業をなさった山口由美子先生（当時、金沢市立犀川小学校）は、『学ぶ意欲とスキルを育てる』（小学館）を読んでから、ということでした。鏑木良夫先生（草加市立八幡小学校）は、私たちの「認知カウンセリング研究会」のメンバーでした。それぞれ、ご自分で授業をしてみることから始まって、学校全体での取り組みに広がっていきました。

同じころ、それまで私が数年間うかがっていた横浜市立本町小学校も「教えて考えさせる授業」に関心をもって、２００６年度には、学校全体のテーマとして取り組むようになりました。本町小学校はそれまで、オープンスペースの利用、コンピュータ教育、総合的学習、学年担任制、指導と評価の一体化など、先進的なテーマを研究してきた、横浜市を代表する研究開発校です。その学校があらためて基礎学力の定着という原点に戻り、まずは、授業でのルールやマナー、さらに、全教科における「教えて考えさせる授業」の試行に取り組んだということになります。

金沢市立清泉中学校も、学校として全教科で「教えて考えさせる授業」に取り組んでいますが、初めは、「全教科を通じて読解力を育成する」というテーマで、私のところに相談に見えたのです。授業なども拝見してやりとりしているうちに、読解力がコミュニケーション力へと広がっていきました。それは、まさに「教えて考えさせる授業」において、教師の説明を理解したり、生徒が説明したりすることともつながるので、むしろ「教えて考えさせる授業」を前面に打ち出すようになったのです。

あと、学校から直接の依頼で、「教えて考えさせる授業」を拝見しにいく機会というのも、しだいに増えていきました。宮城県大衡村立大衡小学校、郡山市立湖南小学校・中学校などがありますね。

……なるほど。こうした先進的な学校での成果や課題はどうなのでしょうか。

市川　2、3年取り組んでいるところでは、学力面での成果は確実に出てきているといえます。具体的には、学力テストの点数の向上ということですけど。あとは、授業に対する子どもの意欲が高まるということですね。授業がわかるようになるし、やりがいのある課題が用意されていて、それにチャレンジできる、参加できるということです。

本町小学校では、算数の習熟度別編成の中でも、「教えて考えさせる」という方針で組んでいる研究授業を見ました。驚くのは、どのクラスでも活発な発言が出て、みんなが参加しているという雰囲気になっていることです。いくら習熟度別にしても、「教えずに考えさせる」というスタイルにしてしまえば、どうしても予備知識がなくて参加できない子が出てきてしまいます。やはり、最初はいっせいに教えるという場面を入れているんです。教具として、デジタルコンテンツなども活用されていました。

ただ、とまどいのある先生もいたことは確かです。これは、本書でもあげましたが、「わかりやすく教えるにはどうすればいいか」「理解確認の手だてをどうするか」「理解深化課題を探すのがむずかしい」などという悩みですね。最初のうちは、いったいどういう授業なのかのイメージがつかめないということでしょう。私が、学校の先生と一緒にＴＴ授業をするようになったのも、そうした経緯からです。

静岡県「確かな学力育成会議」と研究指定校

……その後、しだいに自治体、教育委員会などの大きな取り組みをするところが現れたということでしょうか。

市川　そうですね。自治体レベルでの比較的大がかりな取り組みとして、静岡県教育委員会が、「確かな学力育成会議」（主査：有馬朗人元文部大臣）の提言に「教えて考えさせる授業」を盛り込んだことは、１つの大きな出来事でした。静岡県は、もともと「問題解決」ということを非常に重視した教育方針をとっていました。ですから、簡略化された提言の表現だけでは誤解や反発もありました。でも、ていねいに説明し、実践事例をビデオで見せると、指導主事や教師の多くはその趣旨をわかってくださいました。

「教えて考えさせる授業」がけっして「問題解決学習」と対立するものでないことは、本書で繰り返し述べたとおりです。県の教育委員会でも、そのことがわかると、非常にすばらしいフレーズをつくってくれました。「すべての子どもを学びのステージに」というものです。それまで、問題解決を重視すると言いながらも、ごく一部の子どもだけの問題解決になってしまっていたのではないか、という反省からです。「教えて考えさせる授業」は、問題解決の共通基盤となる知識を教えることによって、すべての子どもが問題解決や討論に参加できる授業をめざすものだということを表したフレーズです。

その後、２００６年度、２００７年度県教育委員会の研究指定校として、磐田市立富士見小学校、伊東市立伊東東小学校、藤枝市立青島北中学校、県立藤枝東高等学校で、「教えて考えさせる授業」の実践研究が進められることとなりました。本書の第2章で紹介した富士見小学校での授業も、この研究の一環としてなされたものです。

特に、藤枝東高校は、高校が「教えて考えさせる授業」を取り上げた珍しい事例です。高校は、小学校とは大きく事情が異なります。「教える」ということに抵抗のある教師はまずいません。悪く言えば、昔ながらの一方通行的に教師が教える授業が多いものです。授業研究でテーマとなるのも、「いかにうまく教えるか」という教え方の工夫になります。この学校が、「教えて考えさせる授業」に注目したのは、むしろ「理解確認」でした。定期テストをやってみて初めて「なぜ、こんなにわかってないのだ。ちゃんと教えたはずなのに」と驚くのではなく、日々の授業の中で、「理解状態のモニター」を入れていくことを中心テーマにしたのです。

これらの研究指定校の先生方も、はじめのうちはとまどいがあっただろうと思います。「教えて考えさせる授業」のコンセプトがなかなかわからないとか、「どうしてもうまく授業がつくれない」と先生方に言われたこともありました。しかし、わずか2年の間に、先生方の意識も、授業の組み立て方も大きく変わりました。同じように「教えて考えさせる授業」をテーマにしながらも、それぞれの特色も出ています。２００7年12月に静岡市で行われた合同発表会では、その成果が報告されています。また実践を行ってみて、課題も出てきました。これらは、今後教育委員会のウェブページでも紹介されることになっています。

●岡山県「学力・人間力育成会議」のＩＦプラン

また、岡山県では、福武教育文化振興財団の呼びかけで、「学力・人間力育成会議」が２００６年に立ち上がりました。これは、岡山県下の教育委員会や学校で、学力と人間力の育成について研究や情報交換をする場ですが、特に、「ＩＦプラン」という研究計画を実施する地区を公募して、３年間の研究助成を財団から与えることになっています。私は、この会議の研究顧問をしていて、ＩＦプランの作成にかかわりました。

ＩＦプランというのは、「もし、このような教育を導入すれば、このような成果が得られるであろう」という6つの研究仮説の集まりです。その第1が、「教えて考えさせる授業を導入すれば、学力の定着や深化がはかれるであろう」というものです。ちなみに、その他の5つは、それぞれ、学力診断テストの利用、学習法の指導、授業外の学習支援、地域の教育プログラムの充実、授業外学習ポイント制度の導入、という内容です。

公募の結果、これらの実践研究に取り組んでいる地区がいま3箇所あります。２００６年度からというのが、井原地区（井原小学校、井原中学校等）、灘崎地区（灘崎小学校、灘崎中学校、彦崎小学校等）、２００７年度からというのが、美咲地区（美咲中央小学校）

です。「教えて考えさせる授業」には、どの学校もいち早く関心をもって研究を開始し、すでに何回も研究授業が実施されています。

岡山県の様子を見ていると、特徴的なのは、福武財団と学校・教育委員会の間に緊密な連携がとれていることです。育成会議の交流会やIFプランの中間報告会はもとより、研究授業でも、県や市の教育委員会が協力的で助言指導をしてくれます。3年間で6つのIFプランを手がけるのはたいへんなパワーが必要なのですが、どの地区でも、熱心に取り組んで成果を上げています。県教育委員会も、「教えて考えさせる授業」には大きな関心を示すようになり、今後の展開が期待されるところです。

●中央教育審議会での動き

……今後のさらなる展開を考えるうえで、中央教育審議会の答申（2008年1月17日）で「教えて考えさせる」というフレーズが使われ、その重要性が強調されているのは、やはり大きなことではないでしょうか。

市川　そうかもしれませんね。国のほうが、「教えて考えさせる」というフレーズを正式の文書で初めて使ったのは、２００５年10月26日に出された中央教育審議会答申『これからの義務教育を創造する』ではないかと思います。この答申は、それまでの半年間にわたる「義務教育特別部会」の審議結果をまとめたものです。私はこの会議の委員ではありませんでしたが、第2回目の会議で意見発表の機会を与えられました。そのときに、習得サイクルと探究サイクルのバランスとリンク、「教えずに考えさせる授業」と「教えて考えさせる授業」の対比、「人間力戦略研究会」における人間力のとらえ方、などの話をしました。

この答申は、義務教育の目的として、「学校力、教師力の強化により、子どもの人間力を育てる」ということを謳っています。その中に、私の表現を多少変えて、「習得型と探究型の教育」「教えて考えさせる教育」などの言葉が入ってきました。ゆとり教育、学力低下論争を経て、文部科学省が今後の学校教育のあり方の枠組みをつくったという点で、この答申には大きな意義があると思います。

義務教育特別部会と並行して、中教審初等中等教育分科会の教育課程部会は審議を継続していました。２００５年10月の中教審答申と論調を合わせて、２００６年2月には教育課程部会の審議状況の経過報告が出ていますが、ここでも「教えて考えさせる教育」が出てきました。その後、教育三法の審議や、教育再生会議の様子を見るためもあって、教育課程部会の動きがやや遅くなるのですが、２００７年の春ごろから再び加速します。その年の11月の審議のまとめでは、「教えて考えさせる指導」という言葉になりました。

最新の中教審答申での「教えて考えさせる指導」

学習指導要領改訂に向けての最終的な中教審答申は、２００８年１月17日に出されています。『幼稚園、小学校、中学校、高等学校及び特別支援学校の学習指導要領等の改善について』というものです。ここでは、「生きる力」が十分育成されていないことが課題としてあげられ、その背景や原因を記述しています。つまり、現行の学習指導要領の理念がどうもうまく達成されていないことへの反省なのです。その中で、「学習指導要領の理念を実現するための具体的な手立てが不十分であった」ということをあげているところがあります。

全部で５点あるのですが、その第１は次のようなものです。

○ （前略） 教育については、「ゆとり」か「詰め込み」かといった二項対立で議論がなされやすい。しかし、変化の激しい時代を担う子どもたちには、この二項対立を乗り越え、あえて、基礎的・基本的な知識・技能の習得とこれらを活用する思考力・判断力・表現力等をいわば車の両輪として相互に関連させながら伸ばしていくことが求められている。このことは「知識基盤社会」の時代にあってますます重要になっているが、このような理解が現段階においても十分に共有されているとは言いがたい。

そして、そのうえで、「教える」ことにためらいが生まれてしまったという現状を問題視し、「教えて考えさせる指導」が重要であることを強調しています。

○ 第二に、第一で指摘した課題も背景に、学校における指導について、平成15年の中央教育審議会答申（「初等中等教育における当面の教育課程及び指導の充実・改善方策について」）の問題提起にあるとおり、子どもの自主性を尊重する余り、教師が指導を躊躇する状況があったのではないかと指摘されていることである。第一とも関連するが、「自ら学び自ら考える力を育成する」という学校教育にとっての大きな理念は、日々の授業において、教師が子どもたちに教えることを抑制するよう求めるものではなく、教えて考えさせる指導を徹底し、基礎的・基本的な知識・技能の習得を図ることが重要なことは言うまでもない。

以上のように、この答申では「教えて考えさせる指導」というのが、「基礎的・基本的な知識・技能の習得を図る」という習得型の授業での重要な方針であることが示されています。また、右記の「教えて考えさせる指導」のところには脚注がついており、

「教えて考えさせる指導を行うにあたっては、教具・教材の工夫や子どもの理解度の把握などを通して、「教えること」と「考えさせること」の両者を関連づけることが重要である。

とされています。つまり、ただ「もっと教えなさい」と言っているわけではなく、工夫してていねいに教え、しかもそれをちゃんとチェックしてからでないと、考える場面で生かせないと注意を促しているわけです。

3 これからの教育はどこに向かうか

●「教えて考えさせる授業」を超えて――探究学習と人間力育成

……「教えて考えさせる授業」と聞くと、教えられたことだけを学ぶような、保守的な教育のイメージをもつ人もいると思うのですが、これが教育のすべてだというわけではないのですよね。

市川　本書で何度も強調してきましたが、「教えて考えさせる授業」というのは、習得型の授業の基本的スタイルとして提案しているものです。ところが、これだけを見て、教育の全体像だと解釈して批判するということがよくあるんです。つまり、「教えて考えさせる」だけでは思考力や表現力が育たないとか、「生きる力」はどうするんだ、とかですね。

拙著『開かれた学びへの出発―21世紀の学校の役割―』（金子書房、１９９８年刊）では、探究の学習について重点的に書いてきました。ところが、学生や学校の先生から、「こういう学習ばかりやっているわけにはいかないでしょう。ふだんの授業では、どうすればいいんですか」「基礎的なことはどうやって身に付けさせるんですか」という質問が多かったのです。そのため、まさに「ふだんの授業」として、「教えて考えさせる授業」を提案したことになります。

ですから、あらためて、「教えて考えさせる授業」で基礎基本の確実な習得をはかる一方では、高度な探究学習を進めてほしい。これが学校教育の全体像のはずなんです。『学ぶ意欲とスキルを育てる―いま求められる学力向上策―』（小学館、２００４年刊）の中では、習得と探究の両方についてバランスをとったつもりです。しかも、探究の話題を先に出しました。それは、習得だけを志向した教育像なのだと誤解されたくなかったからです。先に「教えて考えさせる授業」の話をすると、どうしてもそう誤解されがちです。

……そして、さらにその先には、人間力の育成という教育にとって大きな目標があるということですね。

市川　はい。人間力というのは、つかみづらい言葉のようですが、内閣府の「人間力戦略研究会」では、かなり具体的に描いています(注1)。それは、社会の中でふつうの大人たちが営んでいる生活をする力のことなんです。具体的には、職業生活、市民生活、文化生活ですね。そのために必要な知識・技能はどういうものか、それを身に付けるためには、子どものころから何をすればいいかを考えるということです。

たとえば、職業生活の基礎としての職業理解があります。世の中にはどんな仕事があるのか、それぞれにはどんなやりがいや厳しさがあるのか、それに就くためにはどうすればいいのか、とかを学ぶのが職業理解の教育です。大人は、自治会とか、ボランティア活動とか、選挙での投票などの市民生活をしています。そのために、子どもなりに社会参加して、大人と活動したり、学んだりすることも必要です。文化生活の基礎としては、学校でもやっている教科の学習があります。国語や算数もそうですが、音楽とか芸術とか体育も含めて、大人になっても勉強したり、趣味として楽しんだりするための基礎を身に付けているのです（図4・1）。

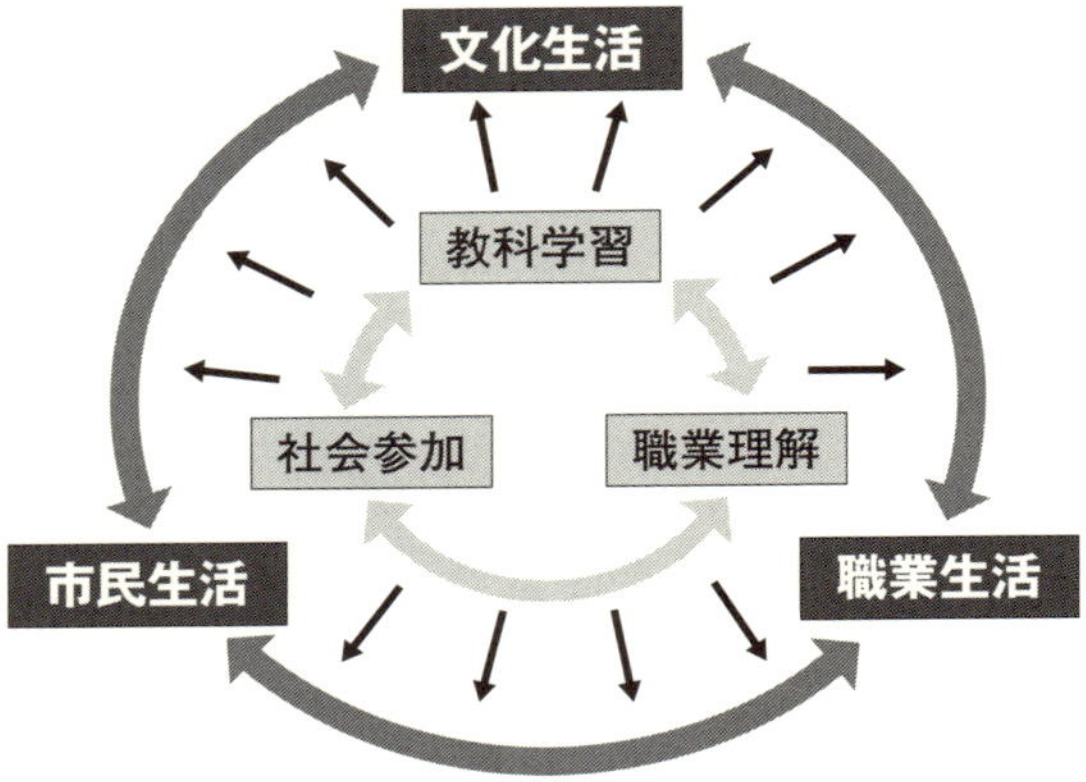

図４・１　人間力育成のモデル

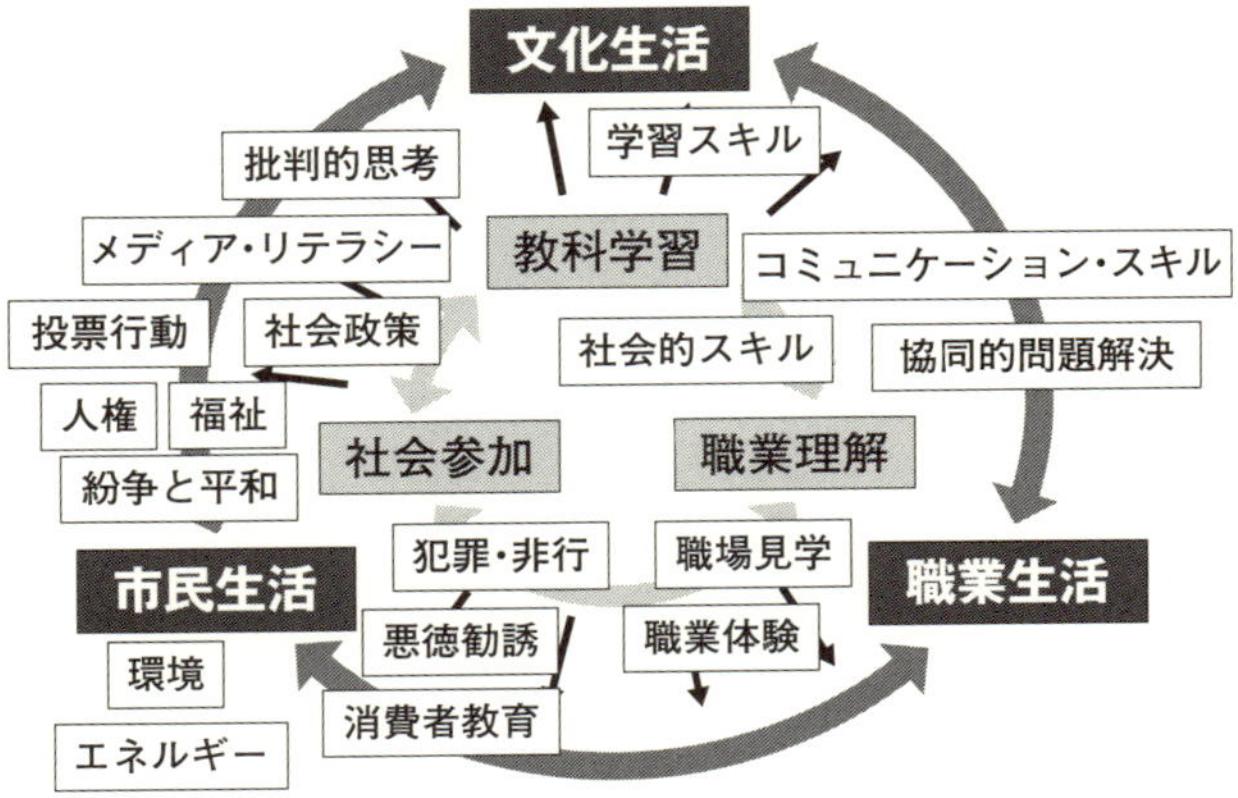

図４・２　人間力育成のモデルから生まれるさまざまなテーマ

こうして考えてみると、これまでの教育ではあまり表に出して扱ってこなかったようなテーマがたくさん浮かんできますよね（図4・2）。ここでは、1つ1つは述べませんけれども、人間力という言葉は、「社会の中で生きていくためには、こういうことも学ぶ必要がある」ということをあぶり出すためのツールなんだと私は考えているんです。「学力」だけでは狭すぎるし、「生きる力」ではどうもあいまい。大人の生活を具体的なモデルとすることで、どういう力を身に付けてほしいかのイメージがはっきりするのではないでしょうか。

地域教育も含めて、トータルな学習環境を考える

……最後に、学校現場の課題と展望として、これからの学校と教師のあるべき姿についてうかがいたいと思います。これについて、市川先生はどんな考えをおもちでしょうか。

市川　まず、学校のあり方については、いまはそれぞれの学校が特色を打ち出して、子どもや保護者が選べるようにするという1つの流れがありますよね。しかし私は、公立学校では、むしろどの学校に行っても同じ教育が受けられることをウリにしていくべきだと思

っているんです。

校長が数年ごとに代わり、学校の先生も異動がある中で、学校独自の特色をつくってそれを維持していくのは困難です。むしろ学校教育の品質保証をして、どこへ行ってもあまり変わりないなら、近くの学校に行くのがよい、というふうにすればよいと思います。

そして、特色はむしろ地域教育の中でこそ出していく。たとえば、地域の団体や企業がそれぞれ特色あるプログラムを提供し、子どもたちは、土日や夏休みを使って、好きなプログラムに参加する、というほうが無理がないと思います。学校の授業に特色をもたせて、それを子どもに選ばせるより、地域の中でこそ選んで学ぶということになります。

地域の教育力の一員としての教師

……すると、これからの学校の先生には、どういうことが期待されるのでしょうか。

市川　いまの話に関連して、学校の先生にお願いしたいこととしては、２つあります。１つは、学校の中で子どもたちに、しっかりとした力をつけてもらうということです。要するに基本的な知識・技能、あるいは生活習慣とか、社会で生きていくためのモラルなどを共通に身に付けてもらうということですね。

もう1つは、教育という職能をもった一市民としての役割なんです。たとえば、学校がオフのときには一市民として、つまり教育の専門家として地域でも活動するというようなことが、学校の先生にも求められていることだと思うんです。つまり、地域の教育力の一員としての教師ということになります。

もちろん中心は前者です。職業としてそういうことを学校の中でやる。そこでは、私がこれまであげてきたような、習得と探究の学習があります。習得ではしっかり学習指導要領で決められているような基礎基本を身に付けるための手だてをする。探究のほうでは、自分なりに問題を追究していくような力をサポートする指導技術をしっかり身に付けてほしいのです。また、生徒指導とか教育相談的なものもあるでしょうから、そういう活動をしっかりやっていただく。そのスキルアップをはかっていただくというのが学校でやっていただきたいことです。

しかし、それに加えて、地域の教育力の一員としてやっていただきたいということもあるわけです。そこでは、先生は何も学習指導要領に縛られる必要はないですし、実はこんなことを子どもたちにプログラムとして提供したいんだと。むしろそこでこそ自己実現が果たせるような先生もいるはずです。部活動の指導にやりがいを見いだす先生がいるのと同じように、地域教育の中で、地域の社会人と一緒になって「こんな教育をやってみたい」ということを実現するとか。

子どもは、学校ではしっかり標準的な教育を受けると同時に、地域で自分が興味・関心をもった活動に参加する。こういうようなものが、子どもにとってのトータルな学習環境であり、先生にとってのトータルな教育活動ではないでしょうか。これからの先生には、学校の職業としての教育活動と市民活動としての教育活動、この両方が大切だと思います。

学校と地域をつなぐコーディネート力を

そういう活動をしていれば、学校の先生も地域の社会人とずいぶんかかわるようになると思うんです。すると、学校でやっていることは社会でどう生かされるのかということも見えてくると思うし、総合学習としていったいどんなことをやったらいいかなんていうアイデアもいろいろ出てくると思います。社会人に学校に入ってもらって、ゲストティーチャーとして何かやってもらうということだけを考えるのではなくて、自分も一市民として社会人と一緒に地域で活動するということを考えてほしいのです。

実際、学校の先生には、そういう役割をずいぶん期待されている面もあると思うんです。「学びのポイントラリー」(注2)では、地域のプログラムがたくさん登録されていますが、地域の人には不安もあります。「自分たちは教育のプロじゃない」という意識がやはりあるのです。たとえば環境問題についていろいろな知識はあるけれども、どうやって子どもにわかりやすく教えたらよいか、どんな活動をすれば子どもたちは楽しんでくれるか、そういうことがどうも自分たちは下手なんじゃないかと。学校の先生はそういうことのプロなので、むしろ学校の先生が入ってくれると、自分たちのプログラムもすごくよくなるんじゃないかという期待があるわけです。

先生が市民として地域に出ていく。すると、地域の人に学校に入ってもらうときにも、知り合いになっていれば、すごくプラスになると思いますね。地域の人たちとかかわることは、先生自身の人間力を高めるということにほかなりません。そして、学校と地域をつなぐコーディネート力をもつこと、それはこれまでの学校の授業という枠の中で教科の学力をつければいいと言っていた時代と違う点ではないかと思います。

注

(1) **人間力戦略研究会**　経済財政諮問会議からの諮問に基づいて、内閣府に設置されて集中的な審議を行った研究会。当時の学力論争を超えて、フリーター・ニート増加に代表されるような若者の労働や学習への意欲の低下の問題を背景にしている。教育界、産業界、労働雇用分野からメンバーが構成され、２００２年11月に発足した（座長：市川伸一）。その審議結果と提言は２００３年４月に報告書「若者に夢と目標を抱かせ、意欲を高める」として公表されている（http://www5.cao.go.jp/keizai1/2004/ningenryoku/0410houkoku.pdf）。報告書では、「人間力」を「社会を構成し運営するとともに、自立した一人の人間として力強く生きていくための総合的な力」と定義。人間力を構成する要素として、①知的能力的要素、②社会・対人関係力的要素、③自己制御的要素の３つをあげ、これらを総合的にバランスよく高めることが、人間力を高めることだとしている。本書であげている「職業生活」「市民生活」「文化生活」というのは、人間力を発揮する場面からとらえた人間力の側面といえる。

（2）**学びのポイントラリー**　もともとは、人間力戦略研究会の報告書で提案された「授業外学習ポイント制度」を実現したものの1つ。「授業外学習ポイント制度」とは、ポイントラリーのような感覚で、学校の授業外に地域で行われるさまざまな教育プログラムに子どもたちが参加するのを促す制度。プログラム自体を実施するのは、自治体、NPO、大学、民間企業などだが、それらを登録して子どもたちに紹介する。「学びのポイントラリー」は、「地域の学び推進機構」が中心となって、現在、東京、奈良、岡山などの一部の地域で運営しているもの（http://www.chiiki-manabi.org/）。プログラムに参加するとポイント（シールかスタンプ）がもらえ、40ポイントたまるごとに、活動履歴としての認定証を「地域の学び推進機構」が発行している。

あとがき

この「あとがき」は、「まえがき」の補足と続きである。それまで、認知心理学の基礎研究をしていた筆者の興味が、しだいに教育研究に移っていったのは、１９８０年代後半からであったが、そのとき手がけていたのは、「コンピュータを探究活動や創作活動に生かした授業開発」と、「学習につまずいている子どもたちに対する個別学習相談（認知カウンセリング）のケース研究」であった。こうした研究をもとにして、これからの学校教育の将来像を描いたのが、１９９８年に刊行した『開かれた学びへの出発―21世紀の学校の役割―』（金子書房）という本だった。

時は、「ゆとり教育」といわれた教育改革のさなかであり、まさに「新しい学力の育成」に向けた教育を構築しようという熱っぽい雰囲気が教育界にはあった。私自身、「総合的な学習の時間」の創設に向けての文部省の小委員会に加わって議論をしていた時期でもある。この本は、私自身の直接、間接に関わってきたいろいろな実践事例を紹介してあり、学校の先生や教職をめざす学生に、親しみをもって読まれたようである。しかし、そうした読者からの、不満や違和感のようなものも聞こえてきた。

それは、「探究や創作のすばらしい実践がたくさん出ているけれど、いつもこんな授業ができるのか。どこでも、こんな授業ができるのか。ふだんの授業は、どうすればいいのかがわからない」ということだ。たしかに、それはもっともな不満だと思われた。その本の中で、私は、基礎基本としての教科の学習をおろそかにして、探究や創作は成立しないこと、また、授業内容のわからない子どもや、家庭学習のしかたなどを認知カウンセリングでフォローしていくことの必要性は述べたつもりだった。しかし、それとて、「ふだんの授業でどうするか」という問いには答えていない。

そうした折り、1999年春から学力低下論争がわき起こった。「学力低下論者」と「ゆとり教育派」の対立する中で、私は、「もう1つの学力低下論」と自称する立場をとって、脇役のようなかたちでこの論争に関わっていた。つまり、私自身の学習相談の経験からみても、「学力低下は起こっている」と思うが、それを打開するためにこそ、「ゆとり教育」でとられている政策には基本的に賛成するという立場である。『学力低下論争』（ちくま新書、2002年刊行）の中で、私なりに、この論争をレビューし、自分の主張も述べてきた。

「習得と探究の学習サイクル」「『基礎から積み上げる学び』と『基礎に降りていく学び』」

「教えて考えさせる授業」などが、このころから使い出したフレーズである。そして、私なりにバランスをとり直した「学校・地域の教育の将来像」を、実践例とともに描いたのが、『学ぶ意欲とスキルを育てる──いま求められる学力向上策──』(小学館、2004年刊行)であった。「教えて考えさせる授業」が、書物に現れたのはこのときからである。

ことは、日々の授業実践に関わることだけに、「教えて考えさせる授業」には、関係者から賛否両論を多くいただくこととなった。関係者とは、学校の先生はもとより、教科教育の専門家、各地の教育委員会などである。「私も、そう思っていた」という共感や励ましの声もあれば、反発の声もある。フレーズを聞いただけの素朴な反応もあれば、根本的な教育観の違いに基づく反論もある。新たな協力関係もできたし、親しいつきあいが壊れてしまった方もいる。

教育心理学者としては、得難い経験だと思って感謝している。一研究者、それも教育心理学者の主張に、全国各地の教育現場の方々が耳を傾けて、実践に取り入れようとしてくださることなどは、私の研究の中で一生に一度、あるかないかだろう。最もうれしいのは、研究校の先生方が、「最初はむずかしかったけれど、やってみて、本当によかった」「やってみると、ごく自然で、むしろあたりまえと思えてきた」「子どもも意欲的になり、私たちも元気になった」「他の学校にも、ぜひすすめたい」などと言ってくださることだ。今後は、学校の先生たちが、そして子どもたちが、評価してくれることを願って、さらなる展開を続けていきたいと思う。

最後になってしまったが、本書は、図書文化社の大木修平さんの励ましと協力があって、ようやく世に出ることになった。私のそれまで書いた論文、実践校での授業の資料、新たなインタビューなどを再構成する作業の多くをしてくださった大木さんは、本書の陰の共著者ともいえる存在だった。一方、私のほうが、あらたな授業実践を加えたり、日常的な仕事に忙殺されて執筆が遅れてしまったために、もっとタイムリーに出すべきところを、結局は刊行まで1年近く要してしまった。お詫びとともに、こころから感謝申し上げたい。

2008年4月

教育の羅針盤1
「教えて考えさせる授業」を創る
基礎基本の定着・深化・活用を促す「習得型」授業設計

2008年6月1日　初版第1刷発行［検印省略］
2010年6月20日　初版第10刷発行

著　者　市川伸一©
発行人　村主典英
発行所　株式会社図書文化社
〒112-0012 東京都文京区大塚3-2-1
TEL 03-3943-2511　FAX 03-3943-2519
http://www.toshobunka.co.jp/
振替　00160-7-67697
組版・装丁　株式会社 S & P
印　刷　株式会社厚徳社
製　本　合資会社村上製本所

ISBN978-4-8100-8510-5 C3337
乱丁、落丁本はお取替えいたします。
定価はカバーに表示してあります。